Założenia teoretyczne Podejścia Skoncentrowanego na Rozwiązaniu

AF287833

EUROPEAN BRIEF THERAPY ASSOCIATION

Copyright © 2022 by EBTA and the Authors
Publishing house and print: BoD – Books on Demand, Norderstedt
Cover design, editing: Matthias Schwab
Photograph by Dave Hogan used by kind permission

Translation into Polish: Krzysztof Pawlusiow
Polish editors: Mariola i Jacek Lelonkiewicz
Polish edition of this book was possible due to support
of Polish Association of Solution-Focused Psychotherapy

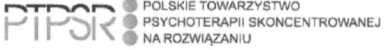

www.ebta.eu – contact: peter.sundman@taitoba.fi

ISBN 978-37-568154-0-1

Wiedza opiera się ostatecznie
na uznaniu

Ludwig Wittgenstein, *O pewności*, § 378

Spis treści

Wstęp do wydania polskiego

Czytelniczko/Czytelniku

Jeśli otworzyłaś/łeś tę książeczkę, to z pewnością współdzielisz z piszącymi te słowa zainteresowanie modelem Terapii Krótkoterminowej Skoncentrowanej na Rozwiązaniu (Solution Focused Brief Therapy – SFBT). Wiesz już zapewne coś na ten temat, może jesteś po szkoleniach w zakresie SFBT, a może nawet stosujesz to podejście w swojej pracy.

Pewnie pojawiło się nie raz w Twojej głowie pytanie w rodzaju: „Ale dlaczego w taki sposób?", albo inne, domagające się wyjaśnienia. Może spychasz te pytania gdzieś głęboko, bo powiedziano Ci przecież, że ważne jest tylko to, co działa, a nie rozumienie.

Odpowiedzi na podobne pytania i odpowiedzi, pozwalające zrozumieć to, co się robi, spotykają się zwykle w sekcji nazywanej: TEORIA. W SFBT nie ma takiej sekcji.

Dlatego godny uznania jest trud i odwaga autorów **Założeń teoretycznych Podejścia Skoncentrowanego na Rozwiązaniu**, którzy podjęli próbę domyślenia i opisania czegoś, co w jakimś sensie *będzie* teorią SFBT. Działanie karkołomne, bo na skraju apostazji. Rozważanie kwestii teorii, leżącej u podstaw czegoś, co deklaruje swoją ateoretyczność możliwe jest przede wszystkim ze względu na pojemność pojęcia teorii.

- Teorią może być wszechogarniająca i wewnętrznie spójna wizja świata i jego składowych. To takich Teorii Wszystkiego szuka pozytywistycznie nastawiona nauka. Taka Teoria zawiera nie tylko opis rzeczywistości, ale też implikuje relacje podmiotu ze światem - na przykład w psychoterapii określa to, czym ma ona być, czego dotyczyć i do jakich rezultatów prowadzić.

- Innym znaczeniem pojęcia teorii jest z kolei posiadany przez kogoś jakiś cząstkowy pogląd, przekonanie, albo nawet hipoteza do sprawdzenia. Może on dotyczyć wąskiego zagadnienia, być podatnym na zmiany i chwilowym. Takie teorie są operacyjne, użytkowe, związane z doświadczeniem. Taka teoria jest zaproszeniem do próbowania, eksperymentowania.

- Teoria może być również nie tylko opisem wizji świata, ale też zapisem postępowania, podręcznikiem, opisującym co i kiedy robić. Nie wiemy wtedy dokąd zaprowadzi nas podążanie wyznaczoną przez taką teorię drogą i de facto skazani jesteśmy na próbowanie i podróż w nieznane. Taki właśnie sposób rozumienia teorii zaproponowali twórcy SFBT – Steve de Shazer i Insoo Kim Berg.

Paradoksem jest jednak to, że nawet jeśli ograniczymy się wyłącznie do opisu sposobu postępowania – musimy przecież i tak dokonywać wyborów, decydować co dobre, a co nie – i opieramy się wtedy na jakiś przekonaniach dotyczących uznawanych przez nas wartości, czyli - naszej osobistej teorii.

Ten paradoks oparcia powstrzymywania się od założeń na założeniach innego rzędu otwiera drzwi dla zespołu autorów do poszukiwania tych wartości i przekonań, jakie leżą u podstaw SFBT – i do sformułowania tez przedstawianych w tej publikacji EBTA.

...

Podjęty przez autorów trud opisania teorii leżącej u podstaw SFBT jest godny uznania jeszcze z innego punktu widzenia. Metoda ta opiera się przecież na założeniach konstrukcjonizmu społecznego. Jednym z ważniejszych i kluczowych założeń tego sposobu myślenia o świecie jest teza o nieustannym redefiniowaniu rzeczywistości w każdym punkcie, jej nieustannej zmienności oraz braku podatności na ostateczny i wyczerpujący opis. A słowo pisane jest czymś, co pozostaje na stałe np. na papierze i nie poddaje się dalszym przeformułowaniom i doprecyzowaniom.

Czy można zatem bezpiecznie opisać teorię, czyli coś, co ma być stabilnym i stałym fundamentem?

A może opis taki ma być tylko kanwą dla przemyśleń i rozważań, która zainspiruje czytelnika do dalszych przeformułowań, już bez żywego kontaktu z autorami?

Może ta książeczka ma właśnie stać się dla czytelników takim zaproszeniem?

Tak właśnie deklarują swój zamiar jej autorzy. Zastrzegają też oni, że treści przedstawione w publikacji mogą i będą ulegały zmianie w toku dalszych prac i w trakcie ewolucji modelu SFBT.

Ich propozycja nie jest jednak zaproszeniem do całkowitego odrzucenia tego, co powiedziano wcześniej. Ewolucja to nie anarchia. „Wszyscy stoimy na ramionach gigantów, którzy byli przed nami", jak mawiał Steve de Shazer. Zastanówmy się nad tym, czego oni nas uczą, jeśli chcemy uważać się za praktyków SFBT.

...

Proces tej ewolucji mogliśmy obserwować sami, poprzez wiele lat naszej praktyki psychoterapeutycznej i pracy szkoleniowej. Od 1990 roku - kiedy pierwszy raz spotkaliśmy się z ideami SFBT poprzez prace Insoo Kim Berg i Steve de Shazera (wówczas jeszcze mocno osadzonymi w myśleniu strukturalnym) i rozpoczęliśmy cykliczne szkolenia w ramach Centrum Terapii Krótkoterminowej w Łodzi - mieliśmy przyjemność uczestniczyć w rozwoju środowiska SFBT za granicami Polski, w ramach stowarzyszenia European Brief

Therapy Association, ale też w kraju, poprzez udział w tworzeniu pierwszej polskiej profesjonalnej organizacji: **Polskiego Towarzystwa Psychoterapii Skoncentrowanej na Rozwiązaniu PTPSR**, które podjęło się certyfikacji psychoterapeutów SF w zgodzie ze standardami NFZ. Uczestniczyliśmy w rozwoju samej metody i jej ewolucji w stronę pomagania opartego na tworzeniu relacji i refleksji nad komunikacją. A koledzy z EBTA, których zapraszaliśmy, aby przyjeżdżali nas szkolić, mieli coraz bardziej rozwinięte i zaawansowane odpowiedzi na pytania naszych polskich słuchaczy.

Dziś uczestniczymy w przygotowaniu i redagowaniu **Założeń teoretycznych Podejścia Skoncentrowanego na Rozwiązaniu**, wydanego przez EBTA i dofinansowanego przez PTPSR. To ogromny zaszczyt i satysfakcja.

...

W SFBT istnieje założenie, że rozwiązania w terapii mogą być odkrywane, ale i budowane. Można zarówno analizować to, co jest przekazane przez uznane autorytety, jak i na drodze refleksji nad skuteczną praktyką - formułować własne stwierdzenia.

Tak postąpili autorzy **Założeń teoretycznych Podejścia Skoncentrowanego na Rozwiązaniu.**

Droga podjęta przez nich stoi otworem także dla Ciebie, Czytelniczko i Czytelniku, droga nie tylko do zastanowienia nad przedstawionymi w tej publikacji tezami, ale też do własnych przemyśleń i analiz – nad SFBT, nad tym, czego Cię uczono i nad własną praktyką.

Mariola i Jacek Lelonkiewicz

Przedmowa

Poszukiwania teorii Podejścia Skoncentrowanego na Rozwiązaniu rozpoczęły się po śmierci Steve'a de Shazera – od spotkań o „szerszej perspektywie" organizowanych w 2008 roku przez Gale'a Millera i Marka McKergow. W ich trakcie próbowano znaleźć idee podobne do tych, które charakteryzują tradycyjny model Terapii Krótkoterminowej Skoncentrowanej na Rozwiązaniu. Odkryto liczne podobieństwa, szczególnie w obszarze filozofii. Spotkania te były angażującym i uwalniającym doświadczeniem: *Mogliśmy przedstawić Praktykę Skoncentrowaną na Rozwiązaniu w sposób, który był zgodny tym, co powiedzieli inni. Jednocześnie w tym podejściu było coś odmiennego i unikatowego. Czy możemy opisać to bardziej precyzyjnie i zgodzić się ze sobą?*[1] To interesujące pytanie, na które warto znaleźć odpowiedź!

Europejskie Stowarzyszenie Terapii Krótkoterminowej (*European Brief Therapy Association* - EBTA) powołało grupę, której zadaniem było zdefiniowanie Praktyki Skoncentrowanej na Rozwiązaniu, i w 2010 roku pierwsza definicja praktyki została przedyskutowana przez radę i – ku naszemu zaskoczeniu – zyskała akceptację! Oczywiście istniały pewne różnice w rozłożeniu akcentów, ale po uwzględnieniu kilku opcji, udało się usunąć wszelkie istotne niezgodności.

Kolejnymi krokami milowym w rozwoju tej teorii były: sesja plenarna Janet Bavelas i Harry'ego Kormana i warsztat pt. „Czy SFBT posiada teorię" na dorocznej konferencji EBTA w 2014 roku[2]. Prowadzący dokładnie przeanalizowali książki Steve'a de Shazera i przedstawili, jak sami określili, „postulaty na rzecz teorii Terapii Krótkoterminowej Skoncentrowanej na Rozwiązaniu". Więc nawet Steve de Shazer, choć krytycznie zapatrywał się na wyjaśnianie

---

[1]Sundman, osobiste notatki ze wspomnianych spotkań.
[2]Bavelas i inni, (2014)

pracy jego i innych terapeutów, opierał się na fundamencie teoretycznym! To zachęciło nas, członków grupy powołanej przez EBTA, by skierować poszukiwania w bardziej teoretyczną stronę.

W naszej pracy ważną rolę odegrały dwie inne interesujące perspektywy.

Po pierwsze, jak ugruntować idee i cele w środowisku praktyków skoncentrowanych na rozwiązaniu. To interesująca kwestia, ponieważ to podejście jest otwarte w tym sensie, że nikt nie ma do niego praw autorskich. Ugruntowanie ich wśród innych terapeutów i praktyków było sposobem, aby przekonać się, czego pragniemy jako społeczność i co jesteśmy gotowi zaakceptować. W związku z tym tekst, który tu proponujemy, był przedmiotem dyskusji podczas konferencji EBTA, jak również tematem rozmów z osobami, które szkolimy. Cieszymy się również z tego, że w ostatnich latach także inne organizacje i osoby przedstawiły swoje idee na temat istoty Praktyki Skoncentrowanej na Rozwiązaniu.

Inną ciekawą perspektywą jest fakt, że dla większości twórców Podejścia Skoncentrowanego na Rozwiązaniu wiodącą zasadą była reguła „brzytwy Ockhama", nakazująca stosowanie najprostszych zasad. W tej publikacji odchodzimy od tej zasady, prezentując bardziej całościową teorię, obejmującą szereg zasad obejmujących praktykę oraz sposobów stosowania Podejścia Skoncentrowanego na Rozwiązaniu. To w pewien sposób czyni nasze podejście mniej wyjątkowym, ale bardziej użytecznym w różnych kontekstach i stylach.

Na koniec kilka uwag o kontekstach. Terapia Skoncentrowana na Rozwiązaniu jest stosowana z powodzeniem w zaskakująco wielu różnych kontekstach. Jej zasięg zwiększa się tak bardzo, że postanowiliśmy zaproponować teorię, którą będzie można zastosować w wielu kontekstach. Jednakże brak jednoznacznie określonych granic Praktyki Skoncentrowanej na Rozwiązaniu może być uznany za jej słabość, gdyż zakładamy, że te granice istnieją.

Dlatego uważamy, że temu i innym zagadnieniom należy w przyszłości poświęcić dalszą uwagę.

Zatem poszukiwania będą kontynuowane! Zapraszamy wszystkich czytelników do udziału w tym dialogu.

Lipiec 2020

EBTA Practice Definition Task – Group

Założenia teoretyczne Podejścia Skoncentrowanego na Rozwiązaniu

Wersja 2020

Autorzy:

Peter Sundman

Matthias Schwab

Ferdinand Wolf

John Wheeler

Marie-Christine Cabié

Svea van der Hoorn

Rytis Pakrosnis

Kirsten Dierolf

Michael Hjerth

Wprowadzenie

Ten dokument jest wynikiem współpracy autorów należących do grupy zadaniowej powołanej przez Europejskie Stowarzyszenie Terapii Krótkoterminowej (EBTA, *European Brief Therapy Association*). W ciągu kilku lat opracowali oni kolejne jego wersje. Wcześniejsze były prezentowane różnym gremiom – Radzie EBTA, uczestnikom konferencji oraz współpracownikom, aby pozyskać i przedstawić odmienne spojrzenia na sporną kwestię teorii Podejścia Skoncentrowanego na Rozwiązaniu. Autorzy tej publikacji oczekują uwag i informacji zwrotnych od czytelników, aby podtrzymać proces ewolucji kolejnych wersji.

Celem tego dokumentu jest przedstawienie spójnej teorii Podejścia Skoncentrowanego na Rozwiązaniu tym wszystkim, którzy pragną poznać i zrozumieć jej uzasadnienie, a także stworzenie wyczerpującego opisu tej praktyki, który będzie można wykorzystać w celach szkoleniowych i rozwojowych.

W tym opracowaniu teoria definiowana jest jako teoria procesu[3] opisująca stosowanie Podejścia Skoncentrowanego na Rozwiązaniu wraz z wyjaśnieniami, jak i dlaczego proces jest inicjowany, czemu przebiega w określonym kierunku i kto jest za niego odpowiedzialny. Opisane są także założenia i uzasadnienia, na których oparta jest teoria oraz ogólne predykcje rezultatów.

Ideą tej książki jest również prezentacja przypuszczeń, które można wysunąć na temat Podejścia Skoncentrowanego na Rozwiązaniu oraz jej preferowanych, domniemanych i idealnych wyborów i założeń[4].

---

[3] Morris (2005). Teoria procesu jest systemem powiązanych i wzajemnie oddziałujących koncepcji, mających wyjaśnić i przewidzieć, jak dana rzecz funkcjonuje (dzieje się), a nie czym jest.

[4] Gale Miller i Steve de Shazer (Miller & de Shazer 1998) nazywali Podejście Skoncentrowane na Rozwiązaniu „plotką", ponieważ jej twórcy i propagatorzy

Podejście Skoncentrowane na Rozwiązaniu opiera się na pracach Miltona Ericksona (Erickson 1954a, 1954b) spopularyzowanych przez Jay'a Haley'a (1986) (przekonania klienta, indywidualność, zdolność do zmiany, osobisty wybór, relacje, język, zalecenia, współdziałanie), pracach Mental Research Institute (Weakland i inni, 1974) (interakcja, zachowanie, zmiana działania, ramy odniesienia, przeformułowanie) oraz ideach wywodzących się z terapii systemowej (np. Cecchin 1987, Minuchin 1974 & Selvini-Palazzoli i inni, 1973) (cybernetyka, komunikacja, informacja zwrotna, relacje, sieci, złożoność). Na poziomie teoretycznym inspiracją dla twórców podejścia były konstrukcjonizm społeczny, myśl buddyjska oraz filozofia języka, a konkretnie dzieła Ludwiga Wittgenstein'a[5],

Podejście Skoncentrowane na Rozwiązaniu opiera się na ponad trzydziestu latach rozważań teoretycznych, pracy klinicznej oraz badań empirycznych prowadzonych przez Insoo Kim Berg, Steve'a de Shazer'a oraz ich współpracowników i klientów w Milwaukee Brief Family Therapy Center w latach 80. XX wieku. Od tego czasu jest rozwijane przez licznych specjalistów w wielu krajach na całym świecie.

W rozwoju Podejścia Skoncentrowanego na Rozwiązaniu dominowało podejście indukcyjne[6], aktywnie poszukujące w pracy klinicznej logicznych argumentów, które stanowią wsparcie dla określonych praktyk, wniosków i teoretycznych uogólnień[7]. Mikroanaliza przeprowadzona przez Janet Bavelas i jej zespół wprowadziła podejście abdukcyjne[8] (Lipton 2001) – poszukiwanie

---

wyrażają jedynie swoje przemyślenia o tym, czym jest myślenie i Podejście Skoncentrowane na Rozwiązaniu.

[5] Watzlawick (1980), de Shazer i inni (2006), Miller & McKergow (2012).

[6] Podejście indukcyjne opiera się na myśleniu indukcyjnym tj. formułowaniu wniosków od szczegółu do ogółu (przyp. red.).

[7] Dobrze udokumentowanymi argumentami są na przykład koncepcje wykorzystania wyjątków, pytanie o cud i skalę.

[8] Abdukcja to proces formułowania wniosków o rzeczywistości w oparciu o największe prawdopodobieństwo (przyp. red.).

wzorców na przemian w realnym świecie między klientami i terapeutami oraz w świecie abstrakcyjnych idei.

Każdy może wnieść wkład w rozwój Podejścia Skoncentrowanego na Rozwiązaniu, zatem kwestia jego definicji pozostaje niejasna – co jest kolejnym powodem konieczności opracowania tej teorii. Podjęliśmy wysiłek zebrania i połączenia ze sobą wielu przemyślanych i potwierdzonych idei, które przekładają się na logiczną, spójną strukturę. Nasza praca rozpoczęła się w 2007 roku od serii spotkań poświęconych analizie powiązań między ideami Podejścia Skoncentrowanego na Rozwiązaniu a innymi ideami wywodzącymi się z filozofii, socjologii, psychologii i pokrewnych dziedzin. W 2010 roku EBTA powołała grupę zadaniową w celu sformułowania definicji praktyki SFBT, która została przyjęta przez EBTA w 2012 roku i doprecyzowana w 2013. Grupa zadaniowa kontynuowała pracę, gromadząc publikowane dane, organizując otwarte dyskusje na konferencjach i nieformalne konsultacje w gronie praktyków[9]. W tym czasie także inni autorzy przedstawili podobne struktury, np. *Solution Focused Therapy Treatment Manual for Working with Individuals* (SFBTA), *Clues 1.1 and 1.2* (lista przejawów Podejścia Skoncentrowanego na Rozwiązaniu w działaniu) (SFCT) i *Accreditable Practice and Accreditable Practictioners* (UKASFP, 2015) oraz artykuły świadczące o ogólnym zainteresowaniu zdefiniowaniem Podejścia Skoncentrowanego na Rozwiązaniu[10].

Jesteśmy świadomi zastrzeżeń wobec teorii, którą przedstawiamy w tej publikacji[11]. Jednakże Podejście Skoncentrowane

---

[9] Między innymi: Dyskusje Open Space podczas konferencji EBTA (2015–2019), dyskusje na liście dyskusyjnej SFT-List(2017).

[10] Na przykład, Froerer& Connie (2016), McKergow (2016) lub Korman (2017).

[11] Na przykład Steve de Shazer napisał w „Kiedy słowa były magią": „postanowiłem, że pozostaje mi jedynie zastosować się do rady Wittgensteina i wyzbyć się wszelkich Teorii" (de Shazer, 2013, s.53), a podczas wywiadu z Micheal'em Hoyt'em powiedział „Nie pozwól, aby teoria stanęła ci na drodze. Teorie uczynią cię ślepym" (Hoyt, 2001, s. 29).

na Rozwiązaniu zawsze opierało się na rygorystycznym rozumowaniu[12]. Pierwsze ramy, podobne do przedstawionych poniżej, zostały opracowane już w 1996 roku[13]. Wierzmy, że doprecyzowanie tych przemyśleń okaże się pomocne w dalszym ich rozwoju. Teoria przejawia się w swoich kluczowych koncepcjach, poglądach i założeniach, które przyjmujemy, oraz w opisach stosowanych praktyk.

Podejście Skoncentrowane na Rozwiązaniu ukształtowało się w kontekście terapeutycznym. Charakterystyczne jest to, że rozwijało się zarówno na gruncie terapii rodzinnej, jak i indywidualnej. Zatem od samego początku Podejście Skoncentrowane na Rozwiązaniu musiało sprostać oczekiwaniu, że okaże się wystarczająco silne i elastyczne, aby znaleźć zastosowanie i przynieść rezultaty w pracy tak z jednostkami, jak i grupami. Począwszy od lat 80. XX wieku rozprzestrzeniało się na polach, takich jak coaching, edukacja, praca grupowa, przywództwo, rozwój organizacji i konsultacje. W zamyśle teoria ta odnosi się do wszystkich dziedzin, w których stosowane jest Podejście Skoncentrowane na Rozwiązaniu, choć przykłady i opisy mogą odzwierciedlać przede wszystkim kontekst terapeutyczny, co wynika z doświadczeń zawodowych autorów i faktu, że w takim właśnie kontekście podejście to powstało. Kolejne dyskusje i analizy ukażą zapewne, w jakich obszarach teoria wymaga dalszych prac oraz dostosowania jej do ich specyfiki. W Podejściu Skoncentrowanym na Rozwiązaniu teoria jest użyteczna jedynie w takim stopniu, w jakim jest pragmatyczna. Powinna umożliwić badania, wspierać praktyków i podnosić jakość usług świadczonych klientom.

W odniesieniu do tej teorii używamy nazwy „Podejście Skoncentrowane na Rozwiązaniu", aby oddać sprawiedliwość zarówno jego twórcom, jak i późniejszym wpływowym postaciom

---

[12] Pierwsze opracowanie teoretyczne zostało opublikowane w 1974 r. (Weakland i inni, 1974).
[13] Berg & De Jong (1996).

związanym z obszarem terapii i wywodzącym się spoza niego. Niektórym czytelnikom znany jest termin „Terapia Krótkoterminowa Skoncentrowana Na Rozwiązaniu" (*Solution Focused Brief Therapy*, SFBT) wywodzący się z kontekstu terapeutycznego. Traktujemy tę nazwę jako ważny element historii tej formy podejścia, którą staramy się zgłębić i rozwinąć w tym opracowaniu. Z kolei osoby pracujące z organizacjami, opisując to, co nazywamy tutaj *Podejściem Skoncentrowanym Na Rozwiązaniu*, używają skrótu „Praktyka SR" (*SF Practice*).

W tym opracowaniu słowa „klient" i „klienci" używane są jako wspólne określenie osoby lub osób, które poszukują współpracy i wsparcia na swojej drodze ku zmianie. Wszyscy klienci należą jako jednostki do wielu grup, np. par, rodzin czy zespołów, posiadających unikatowe wartości, język, cele i zachowania. Powszechną praktyką jest uwzględnienie tych grup i angażowanie ich lub ich członków w proces zmiany, ponieważ dzięki temu możliwe jest wykorzystanie charakterystycznych dla nich wzorców interakcji, różnych punktów widzenia i alternatyw, aby przeprowadzić behawioralne eksperymenty i ocenić wielorakie konsekwencje zmiany[14].

Zmiana klienta jest jednocześnie zmianą dla tychże grup. Na przykład, kiedy zmienia się jeden członek zespołu, w pewnym stopniu zmienia się także jego dział i cała firma. Czasami to, co zaczyna się jako zmiana jednej osoby, okazuje się ostatecznie zmianą na szeroką skalę. Z drugiej strony bywa, że to organizacja, grupa lub określone warunki definiują wymagania dla zmiany jednostki.

W tym opracowaniu opisane wyżej specyficzne kwestie grupowe będą najczęściej domyślnym założeniem. I tak, pytanie kierowane do klienta może być jednocześnie zachętą do wypowiedzi innych członków grupy lub odpowiedzi reprezentującej grupę jako całość.

---

[14] de Shazer (1991)

Praktyka SR uznaje miejsce jednostki w jej sieci interakcji, nie przedkładając jednostki ponad grupę.

Przestawiona tu teoria posiada trzy powiązane ze sobą części. Zaczyna się od opisu kontekstu Podejścia Skoncentrowanego na Rozwiązaniu. Następnie przedstawia koncepcje i uzasadnienie podstawowego modelu Podejścia Skoncentrowanego na Rozwiązaniu wraz z jego głównymi założeniami i wyborami etycznymi. Na koniec wyróżnia w opisie procesu zmiany charakterystyczne elementy i kluczowe tematy rozmów skoncentrowanych na rozwiązaniu. Wspomniane części są ze sobą powiązane i częściowo na siebie zachodzą. Każda z nich wnosi jednak coś unikatowego. Na przykład, nie można w wyczerpujący sposób opisać lub wyjaśnić podejścia, gdyż język nie jest w stanie wszystkiego uchwycić. Każda chwila w życiu jest wyjątkowa i odmienna od tego, co można wyrazić z pomocą koncepcji. Nasze myślenie wymaga intuicji, ale z drugiej strony, „myśli bez treści naocznej (intuicji) są puste, dane naoczne (intuicja) bez pojęć – ślepe"[15].

Idąc śladem pierwszych twórców Podejścia Skoncentrowanego na Rozwiązaniu, pragniemy skupić uwagę na tym, co dzieje się w praktyce, nie rozwodząc się nad wyjaśnieniami, o co tak łatwo pośród profesjonalistów. Jednocześnie chcemy jasno ukazać podstawowe koncepcje, aby wyjaśnić powody działań, jakie są podejmowane w Podejściu Skoncentrowanym na Rozwiązaniu.

Wyjaśnienia i opisy można traktować jako zależne od siebie ramy pojęciowe lub powierzchnie przestrzeni, które zostały stworzone przez praktykę.

Nasze działania i to, jak żyjemy, może być opisywane i wyjaśniane z różnych stron i punktów widzenia. Z drugiej strony nasze działanie może na wiele sposobów wykraczać, a dzięki kreatywności wręcz na pewno będzie wykraczać, poza teorie i opisy. Te elementy nie zostaną uwzględnione w teorii lub opisie, o ile tychże teorii

---

[15] Kant (1914, s. 75)

i opisu nie poszerzymy. Dlatego stoimy na stanowisku, że praktyka odgrywa fundamentalną rolę w refleksji nad istotą teorii, oscylując między opisywaniem i wyjaśnianiem ludzkiego zachowania.

I.   Praktyka: Bycie w kontekście

Nikt nie może uwolnić się od praktyki. Ludzie mogą przestać myśleć i rozważać, a nawet przestać być świadomymi własnego zachowania, ale nie mogą przestać praktykować. Co więcej, wszystkie formy ludzkiej praktyki zawsze odbywają się w jakimś kontekście. Zatem koncepcja „kontekstu" może posłużyć jako sposób odróżnienia odmiennych praktyk. Ta część opisuje, co jest kontekstem Podejścia Skoncentrowanego na Rozwiązaniu i jaki kontekst jest tworzony przez to podejście oraz w jego ramach.

Jak wszystkie profesjonalne podejścia, również Podejście Skoncentrowane na Rozwiązaniu odbywa się w jakimś miejscu, w określonym czasie oraz w bezpośredniej lub domyślnej relacji wobec kogoś lub czegoś, co jest określane jako „bycie w kontekście".

Konteksty to społeczne interakcje, w ramach który ludzie postrzegają, stosują oraz interpretują język i zachowanie. Na przykład, słowa „czuję się lepiej" mogą mieć inne znaczenie, gdy wypowiadamy je przed lekarzem, a inne, gdy wypowiadamy je przed małżonkiem. Znaczenie słów „czuję się lepiej" może również być negocjowane i zmienione przez odniesienie ich do nadziei na przyszłość zamiast doświadczeń z przeszłości. Słowa mogą dotyczyć rzeczy, które dotychczas były niewyartykułowane i zmienić znaczenie kontekstu, np. „Czuję się lepiej, bo traktujesz mnie poważnie, co tak naprawdę stanowi sedno sprawy"[16].

---

[16] Miller & McKergow (2012).

Ludzie również tworzą i zmieniają swoje konteksty. W rezultacie to, co jest istotne w sesji coachingowej, będzie różnić się od tego, co ma znaczenie w sesji terapeutycznej.

Konteksty definiują także relacje i role. Na przykład, podczas konsultacji relacja między dwojgiem ludzi jest komplementarna. Klient poszukujący pomocy może postrzegać terapeutę jako osobę zajmującą wyższą pozycję[17]. Ci sami ludzie, spotykając się na gruncie towarzyskim, będą mieli odmienną relację, chociaż kontekst relacji terapeutycznej może nadal wpływać na ich interakcje podczas spotkania towarzyskiego. Co więcej, ludzie zachowują się odmiennie zależnie od kontekstu. Opiekunowie towarzyszący grupie pacjentów podczas np. wyjścia do restauracji często obserwują, że zachowanie ich podopiecznych jest zupełnie odmienne od zachowania na oddziale klinicznym.

Konteksty interakcji społecznych są zależne od indywidualnych refleksji i *vice versa*[18]. To znaczy, że nie można oddzielać znaczenia słów i działań od kontekstu, w którym są używane i interpretowane. Co więcej, każde użyte słowo odnosi się do innych słów i działań w innych kontekstach, stosowanych przez inne osoby w innym znaczeniu. Znaczenie kontekstowe może również obejmować bardziej ogólną orientację wobec tego, co stanowi istotną kwestię (lub jaki ma sens) w interakcji oraz jakie są tego implikacje dla przeszłości i przyszłości[19]. Na przykład, kategoryzowanie kogoś jako „matki" lub „schizofrenika" przypisuje znaczenie tej osobie i kontekstowi. To przypisanie znaczenia to coś więcej, a najczęściej także coś innego, niż jedynie nadanie nazwy lub etykiety. Zawiera w sobie złożony proces oraz historię zamiarów, wartości, doświadczeń i interakcji społecznych.

---

[17] Klienci, którzy postrzegają siebie jako konsumentów nabywających usługę, mogą również postrzegać siebie jako zajmujących wyższą pozycję.
[18] Lauth (1989).
[19] Miller (2008).

Specyficznym kontekstem, w którym pierwotnie rozwijało się Podejście Skoncentrowane na Rozwiązaniu, była praktyka psychoterapeutyczna, często definiowana jako „leczenie rozmową"[20]. Słowa, a raczej rozmowa, postrzegane były jako narzędzie zmiany i w związku tym były przedmiotem pogłębionego zainteresowania, refleksji i badań. W takim kontekście ktoś, kto doświadcza w życiu problemów, szuka poufnej[21] pomocy u odpowiednio wyszkolonego terapeuty. Czasami terapeuci mogą obserwować kontekst, w którym klient pragnie zmiany, na przykład, kiedy spotykają się z całą rodziną lub grupą współpracowników.

Wspólne działania klienta i terapeuty są zazwyczaj jedynie tymczasowym dodatkiem do życia klienta, a klienci wykorzystują doświadczenia terapeutyczne jako wsparcie w swojej zmianie[22].

W takim kontekście poświęcanie uwagi problemom prowadzi zazwyczaj do rozmów o ich negatywnych konsekwencjach: co jest złego, co jest przyczyną problemu i jakie przeszkody należy pokonać. W tej publikacji wykażemy, że Podejście Skoncentrowane na Rozwiązaniu tworzy kontekst innego rodzaju, często określany „budowaniem rozwiązania"[23]. Podejście Skoncentrowane na Rozwiązaniu podkreśla kompetencje, sprawczość oraz wcześniejsze sukcesy klienta. Skupia uwagę na interakcjach, by określić, jak klienci mogą wykorzystać swoje zasoby i silne strony do zaprowadzenia najlepszych możliwych zmian, które uczynią ich życie lepszym. Zatem ta teoria dotyczy sposobu, w jaki w Podejściu Skoncentrowanym na Rozwiązaniu dokonuje się

---

[20] de Shazer iinni (2007). Termin „leczenie rozmową" zostało po raz pierwszy użyty w 1895 roku przez Josepha Breuer'a i Sigmunda Freuda w *Studien über Hysterie.*

[21] Poufność, na przykład, odgrywa ważną rolę w definicji psychoterapii. Oznacza ona, że terapeuta musi upewnić się, że osoby postronne nie będą mogły dowiedzieć się o tym, co zostało powiedzenie podczas terapii.

[22] Zazwyczaj klienci samodzielnie wykorzystują swoje doświadczenia terapeutyczne w codziennym życiu.

[23] Np. DeJong & Berg (2012); Miller & McKergow (2012)

zmiana i jak to podejście wspiera klientów we wprowadzeniu zmian w ich życiu[24].

W miarę jak Podejście Skoncentrowane na Rozwiązaniu zdobywało przyczółki w różnych obszarach, np. coachingu, edukacji, pracy z grupami, przywództwie, rozwijaniu organizacji i doradztwie, zmieniała się jego terminologia, język i działania. I w pewnym stopniu nadal będą się one zmieniać. Na przykład, w coachingu istotą podejścia może być nie tyle pomoc w trudnościach, co raczej chęć dalszego rozwoju i osiągnięcia kolejnych celów. Zatem pełne spektrum kontekstów, w którym Podejście Skoncentrowane na Rozwiązaniu dowodzi swej wartości i użyteczności, nadal się kształtuje.

W różnych kontekstach praktyki Podejście Skoncentrowane na Rozwiązaniu można zdefiniować następująco: klienci otrzymują od terapeuty wsparcie w kwestii wprowadzenia zmiany, którą mają nadzieję osiągnąć w oparciu o zasoby, umiejętności, silne strony, nadzieje na przyszłość oraz interakcje klientów w swoim środowisku. Dla klientów oznacza to sformułowanie i zastosowanie nowej perspektywy wobec siebie, innych i przyszłości[25]. Jest to zatem teoria, która mówi o tym, jak wspierać klientów w zmianie[26].

Praktyka, jak wykazaliśmy powyżej, implikuje również więcej niż opisane tu interakcje. Nawet najbardziej intymne konwersacje w „leczeniu rozmową" obejmują interakcje odnoszące się do kwestii osobistych, społecznych, prawnych, politycznych, kulturowych i religijnych (a także innych). Żaden opis lub wyjaśnienie nie oddaje całej złożoności życia. Życie zawsze przewyższa opis. Ponieważ praktyka tworzy otwartą przestrzeń życia – kontekst nadanych znaczeń – i jest ciągłym, współzależnym procesem, nieuchronnie będzie się zmieniać oraz ewoluować w czasie i przestrzeni.

---

[24] Bavelas, J., Korman, H., DeJong, P., Smock, S. (2016)
[25] Zob. Również Miller & McKergow (2012)
[26] Bavelas, J., Korman, H., DeJong, P., Smock, S. (2014)

W kolejnych częściach opiszemy Podejście Skoncentrowane na Rozwiązaniu, obszary, na jakich koncentruje uwagę, jego użyteczność oraz powody, dla których warto wybrać to podejście zamiast innych sposobów na bycie w kontekście.

II.   Wyjaśnienie: Dlaczego warto być skoncentrowanym na rozwiązaniu?

Niektórzy uważają, że opisy Podejścia Skoncentrowanego na Rozwiązaniu, stwierdzenia na temat nieustannego indukcyjnego rozwoju (połączonego z coraz wyraźniejszymi empirycznymi dowodami, iż terapie skoncentrowane na rozwiązaniu są skuteczne i efektywne),[27] są wystarczającym powodem, aby to podejście stosować[28]. Jednak Podejście Skoncentrowane na Rozwiązaniu nie zasadza się wyłącznie na opisach, rezultatach klinicznych, społecznej akceptacji czy osobistym stylu, lecz na rygorystycznym rozumowaniu i określonych założeniach i wartościach. Tak więc wybór tego podejścia opiera się zarówno na przesłankach teoretycznych, jak i na pewnych wyborach etycznych.

W tej części przeanalizujemy to rozumowanie w odniesieniu do trzech aspektów Podejścia Skoncentrowanego na Rozwiązaniu jako aktywności polegającej na pomaganiu klientom w zmianie: a) znaczenia ich sytuacji, b) ich autopercepcji orientacji oraz c) odpowiednich codziennych działań. Rozdział zakończy się podsumowaniem głównych założeń, wartości i przekonań związanych z Podejściem Skoncentrowanym na Rozwiązaniu.

---

[27]Macdonald (2017).
[28] de Shazer (2006).

Zmiana znaczenia

Podejście Skoncentrowane na Rozwiązaniu jest po części filozoficznym dążeniem do rozmawiania o tym, jak klienci mogą w najbardziej sensowny dla siebie sposób opisać swoje doświadczenia oraz jak może im to pomóc promować doświadczenia „czucia się lepiej" lub „rozumienia lepiej" – częstych oczekiwań, jakie przedstawiają klienci, gdy rozpoczynają pracę z terapeutą i mówią o jej pożądanych rezultatach. Z Podejściem SF związane jest przekonanie, że filozofia języka[29]to mocny argument przemawiający za tym, iż jest ono pomocne dla innych, gdyż korzystanie z języka stanowi podstawę konwersacji. Dlatego nazwanie i wyjaśnienie sensu znaczenia odgrywa tak ważną rolę. Zawiera się w tym zrozumienie percepcji, odczuć, myśli i intencji.

Znaczące stwierdzenia tworzą pojęciową mapę świata

Ważnymi źródłami inspiracji w przedstawieniu relacji między językiem i tym, co nazywamy „rzeczywistością", są dzieła Ludwiga Wittgensteina i filozofia konstrukcjonizmu społecznego[30]. Wittgenstein twierdził, że granice naszego języka determinują granice naszego świata, a świat i życie stanowią jedno[31]. Zatem

---

[29] W tym przypadku ten termin obejmuje szereg przedsięwzięć filozoficznych, np. filozofię transcendentalną (np. Lütterfelds: Fichte and Wittgenstein, 1989), konstrukcjonizm społeczny (np. Hacking: The Social Construction of What?,1999) czy enaktywizm (np. Hutto & Myin: Radicalizing Enactivism, 2012), które, nie zagłębiając się w szczegóły, mają związek z kluczowymi argumentami myśli Wittgensteina. W tym sensie sięgamy po podstawowe argumenty z „filozofii języka", które wyjaśniają niektóre teoretyczne implikacje Podejścia Skoncentrowanego na Rozwiązaniu.
[30] Miller & McKergow 2012.
[31] Wittgenstein: Traktat logiczno-filozoficzny, 5.6 i 5.621.

język nie jest jedynie zbiorem słów. To wyraz formy życia[32]. To, co powszechnie nazywane jest faktami, nie jest realnym bytem, lecz werbalnym wyrażeniem znaczących twierdzeń. Te fakty ukazują obraz rzeczywistości i zestawione razem stanowią model świata. Jednak słowa i stwierdzenia nie posiadają stałego sensu lub znaczenia. Czerpią swoje znaczenie z kontekstu zdarzeń w życiu i są używane w stosunku do innych osób. Słowa danej osoby mają sens dzięki jej codziennym działaniom[33]. Zatem – jak ujął to Wittgenstein – świat szczęśliwego człowieka jest zupełnie inny od świata nieszczęśliwego[34].

Doświadczenie człowieka nie jest czymś danym, ale raczej mapą lub siecią pojęciową, w której sens i znaczenie zmieniają się zależnie od tego, kiedy, gdzie i jak odnosi się on do innych[35]. Słowa, stwierdzenia, myśli i działania mają różne odniesienia, denotacje, konotacje, implikacje, niejednoznaczności i sprzeczności[36].

W tym znaczeniu po części filozoficzne dążenie Podejścia Skoncentrowanego na Rozwiązaniu może być rozumiane jako wspólne działanie na rzecz zmiany świata[37].

---

[32] Wittgenstein: *Dociekania filozoficzne*.
[33] Wittgenstein: *O pewności*, § 229.
[34] Wittgenstein: *Traktat logiczno-filozoficzny,6.43*.
[35] Mówiąc o języku lub doświadczeniu jako modelu lub mapie świata tworzonej z sieci znaczących znaków, musimy być świadomi, że za nimi nie kryje się żaden „świat", który możemy poznać, gdyż poznanie jest możliwe jedynie w nakreślonych w ten sposób ramach koncepcyjnych. Niemniej, można mówić o koniecznych koncepcjach i jedną z takich koncepcji może być „świat" lub „rzecz-w-sobie", jeśli odwołać się do terminu zaczerpniętego z myśli Kanta.
[36] Różne terminy, których tu używamy (modele, mapy, sieci) oznaczają różne aspekty znaczenia. Jeden z aspektów dotyczy reprezentacji, abstrakcji i podkreślenia pewnych aspektów w myśleniu o języku jako modelu lub mapie. Drugi aspekt dotyczy wzajemnej zależności, przenikania się relacji oraz powiązań lub nawiązań do innych aspektów w myśleniu o sieci znaczeń i grach językowych.
[37] W innej metaforze dla tej aktywności można powiedzieć, że rozmowa „rozciąga świat klienta" (McKergow, 2020).

Świat jest niepewny

Należy wspomnieć o dwóch implikacjach pojmowania znaczenia jako rezultatu interakcji społecznych. Odnoszą się one również do następnych części tej publikacji. Pierwsza implikacja dotyczy tego, w jaki sposób interakcje społeczne określają reguły. Ponieważ istnieje nieskończona liczba sposobów, na jakie można budować stwierdzenia lub wręcz wynajdować nowe słowa, myśli i działania, wydaje się, że niemożliwym jest wskazanie podstaw znaczenia i gier językowych[38]. Skrajni konstrukcjoniści utrzymują, że istotnie tak jest, podczas gdy inni zwracają uwagę na nieodłączną wewnętrzną sprzeczność takich twierdzeń[39]. Gdyby nie można było wskazać podstaw znaczenia, czy w ogóle istniałoby jakiekolwiek znaczenie?

To pytanie dotyka fundamentalnej kwestii pewności i prawdy, a my z pokorą przyznajemy, że takie obserwacje są zgodne z ideami Wittgensteina. Obrazy rzeczywistości, jakimi posługują się ludzie, mogą być skrajnie odmienne w różnych czasach i kulturach, więc zestawiając ze sobą lub oceniając to, co nieporównywalne, trzeba zachować wielką ostrożność. Jednak każda forma życia, wraz ze wszystkimi możliwymi różnicami, opiera się na osądach, które można wyobrazić sobie jako zawiasy, wokół których obraca się zmienny system znaczeń. Każda forma życia i każda znacząca sieć pojęciowa opierają się na osądach, których nie można zasadnie podważać w ramach tejże formy życia. Wittgenstein nazywa te fundamentalne stwierdzenia „zawiasami naszej wizji świata". Nie uczymy się tych stwierdzeń wprost, ale możemy odkryć je tak, jak odkrywa się oś obrotu wyznaczoną przez ruch, który się wokół niej odbywa[40]. Niezależnie od tego, czy ktoś zgadza się z tym, co filozofowie transcendencji określają uniwersalnymi *a priori*

---

[38] Wittgenstein: *Dociekania filozoficzne.*
[39] von Foerster & Pörksen (2002).
[40] Wittgenstein: *O pewności, § 152.*

koncepcjami wiedzy[41], istotnym jest fakt, że te podstawowe osądy nie są przedmiotem empirycznych dociekań. Na przykład, nasze życie cechuje się pewnością, że na dnie oceanu nie ma żadnego otworu odpływowego, choć nikt nigdy nie zaprzątał sobie głowy znalezieniem na to empirycznych dowodów. Co więcej, odnosi się to ogólnie do naszego doświadczenia. Na przykład, kiedy mówimy „Może to morze", nie możemy wyzbyć się pojęcia przyczynowości. Oczywiście, nie ma potrzeby, aby podkreślać te podstawowe osądy i znaczenia, jakimi posługujemy w się w życiu. Ogólnie rzecz biorąc, one się po prostu pojawiają, tak jak samo życie[42].

Wsparcie w dążeniu do celu

Kiedy ludzie doświadczają „utknięcia" w jakimś problemie lub chcą coś zmienić, ale nie wiedzą, jak tej zmiany dokonać albo próby zmiany kończą się niepowodzeniem, wtedy zazwyczaj wyrażają to problematyczne doświadczenie jako zatrzymanie się w martwym punkcie, niepewność, niewygodę, niedogodność, dezorientację, zagubienie w odniesieniu do siebie, innych ludzi obecnej sytuacji życiowej czy też niemożność realizacji swoich celów. Częste jest również poczucie braku nadziei i kontroli. Stąd wynika druga implikacja. Kiedy ludzie szukają pomocy, oznacza to, że napotkali na jakąś przeszkodę w dążeniu do celu. Nie ma czegoś, co *powinno* lub *mogłoby* być. Cele działań, nadzieje i zamiary nazywane są wartościami[43]. Wartości klienta, wokół których toczy się dialog, stanowią trzon rozmowy. Nie muszą one konieczne być przedmiotem wypowiedzi, lecz praktycy skoncentrowani na rozwiązaniu powinni być ich świadomi i – jak opiszemy to dalej – uszanować wybór dokonany przez rozmówcę. Oznacza to również,

---

[41] Taki cel stawia sobie Kant w *Krytyce czystego rozumu* czy Fichte w *Teorii wiedzy*.
[42] Wittgenstein: *O pewności*, § 559.
[43] Raz (2017).

że ludzie mają zdolność wyznaczania swoich działań w odniesieniu do innych i świata.

Ten sposób rozumowania ma pewne ważne teoretyczne konsekwencje, które mają przełożenie na powody wyboru Podejścia Skoncentrowanego na Rozwiązaniu. Zgodnie z filozofią Wittgensteina, praktycy skoncentrowani na rozwiązaniu twierdzą, że nie istnieje żaden naukowo zasadny sposób wyjaśnienia znaczenia z pomocą łańcucha przyczynowo-skutkowego. Nie chodzi o to, że ogniwa przyczynowo-skutkowe miały by zostać uznane za fikcję, lecz po prostu nie mogą one wyjaśnić relacji semantycznych. Dlatego praktycy skoncentrowani na rozwiązaniu nie postrzegają interakcji między osobami oraz zmiany znaczenia jako zdeterminowanych przez relacje przyczynowe wynikające z praw fizyki, relacji społecznych, władzy lub struktur ekonomicznych, genów, budowy układu nerwowego czy jakichkolwiek innych rzeczy. Nie ma wątpliwości, że te rzeczy mogą być przedmiotem rozmowy, ale nie determinują one znaczenia słów ani znaczącej konwersacji.

Drugi argument z filozofii języka, który został uznany za ważny przez praktyków skoncentrowanych na rozwiązaniu, głosi, że osobiste spostrzeżenia, myśli, przekonania, motywy, wartości, stany, skrypty i każdy inny „wewnętrzny byt lub stan", które rzekomo mają decydować o naszym zachowaniu, nie są jedynymi czynnikami determinującymi znaczenie słów, których używamy ani działań, które podejmujemy (niezależnie od tego, że większość z nas tak uważa). Zamiast tego praktycy skoncentrowani na rozwiązaniu polegają na tak zwanych „twórczych interakcjach", w których znaczenie powstaje w codziennych zdarzeniach między ludźmi i to one stanowią podstawę zmiany skoncentrowanej na rozwiązaniu.

To oczywiście nie znaczy, że osobiste myśli są nieistotne, ale nie są one wyłącznym czynnikiem kontrolującym, co im się czasami przypisuje.

Zmiana jako nowe znaczenie w codziennym życiu

Zgodnie z taką argumentacją znaczenie przejawia się w sposobie, w jaki ludzie wiodą swoje życie, jak odnoszą się do innych ludzi i radzą sobie ze zdarzeniami oraz sytuacjami niesionymi życie. Dlatego też praktycy skoncentrowani na rozwiązaniu zwracają uwagę na szczegółowe opisy codziennego życia, aby odkryć lub sformułować znaczące stwierdzenia i działania, które pozwolą danej osobie osiągnąć to, co jej zdaniem jest dla niej dobre i użyteczne, aby poradzić sobie z tym – cokolwiek to jest – co skłoniło ją do poszukiwania specjalistycznej pomocy[44]. Rozmowa skupiona jest na interakcji między ludźmi. Po pierwsze: *pomiędzy* terapeutą i klientem, a po drugie: *pomiędzy* klientami i innymi znaczącymi osobami w ich życiu, które będą świadkami lub uczestnikami ich przyszłych zachowań. Często te osoby i zmiany, jakie zachodzą w środowisku, istotnie przyczyniają się do przemiany klienta, ponieważ znaczenie powstające *pomiędzy* osobami z konieczności jest ich wspólnym przedsięwzięciem. Rozmowy o zapomnianych, ukrytych, nowych lub jeszcze nierozważanych zastosowaniach słów, jakich używamy, zapoczątkowują proces współtworzenia, w którym zmieniane lub tworzone są ich nowe znaczenia[45]. Jest to kolejny ważny element Podejścia Skoncentrowanego na Rozwiązaniu.

---

[44] Dalsze opracowania i przykładny można znaleźć w: McKergow & Korman (2008) oraz Iveson & McKergow (2016).
[45] McGee, Del Vento & Bavelas (2005).

Zmiana autopercepcji i kierunku

Innym aspektem Podejścia Skoncentrowanego na Rozwiązaniu jest odniesienie się do starań klienta, aby zmienić coś w swoim życiu. Te zmiany mogą dotyczyć odmiennej percepcji siebie i świata wokół, odnalezienia kierunku, poszerzenia możliwości, przystosowania się do ograniczeń, rozwiązania problemów i/lub sprostania wyzwaniom. Często jest to wyrażane słowami: „Co mogę lub co powinienem zrobić?" – „Jak mogę to zmienić?" – „Jak mogę to osiągnąć?". Z tej perspektywy Podejście Skoncentrowane na Rozwiązaniu jest podejściem społecznym polegającym na pomaganiu klientowi w osiągnięciu większej satysfakcji z siebie i swoich reakcji wobec sytuacji życiowych. W tym sensie podejście to jest również podejściem klientocentrycznym[46],w którym podstawą oferowanej pomocy jest doświadczenie, światopogląd i wartości klienta.

Podejście Skoncentrowane na Rozwiązaniu charakteryzuje założenie, że każdy jest *per se* zdolny wieść znaczące życie i w rzeczywistości już to czyni, nawet jeśli w jakiejś chwili uważa lub czuje, że utknął w martwym punkcie[47].Wszyscy przezwyciężyli w przeszłości jakieś trudności – co więcej, mogą także teraz przystosować się do okoliczności życia i poradzić sobie z nimi. Mają cele w życiu, nawet jeśli nie są w stanie ich opisać lub ująć w spójną narrację[48]. Zatem są kompetentni, odporni i wyposażeni w pełnię zasobów. Innymi słowy, ludzie posiadają sprawczość i w tym sensie są ekspertami w zakresie własnego życia. Ponieważ klienci zachowują sprawczość, terapeuci nie mogą wiedzieć, dokąd ich rozmówcy postanowią się udać, zatem praktycy skoncentrowani

---

[46] Więcej zob. np. http://journeys.getsynap.com/the-difference-in-being-customer-centric-vs.-customer-focused . Zob. także podobieństwa z koncepcjami Rogersa (1951).

[47]Erickson (1980).

[48] W niektórych sytuacjach życiowych, na przykład wobec śmierci bliskich, odzyskanie celu w życiu może być istotnym wyzwaniem.

na rozwiązaniu nie twierdzą, że taką wiedzę posiadają[49]. Pomoc klientom w dostrzeżeniu własnej sprawczości, kompetencji i zasobów w świetle ich celów życiowych uważane jest za pełen szacunku, wzmacniający i skuteczny sposób umożliwienia im kontynuowania ich życia i przezwyciężenia tego, co skłoniło ich do poszukiwania wsparcia. Taka jest skoncentrowana na rozwiązaniu perspektywa człowieka (osoby)[50].

Budowanie na kompetencji i odporności

Biorąc pod uwagę to, że ludzie już dokonali konstrukcji swojego świata, nawet jeśli nie zawsze będzie on pełen sensu i znaczenia, to wciąż pozostaje on istotny w pewnym stopniu i w pewnych kontekstach. Zatem zawsze istnieje coś, na czym można budować i nawet w pozornie rozpaczliwych sytuacjach ludzie potrafią wykazać się zadziwiającymi umiejętnościami radzenia sobie, zasobami i odpornością. Dlatego terapeuta zachęca klientów, aby próbowali odkryć swoją siłę i sprawczość w życiu przez werbalne wyrażenie tychże nominalizacji (umiejętności, silnych stron, zasobów itp.) w swobodnych wypowiedziach. W konsekwencji, praktycy skoncentrowani na rozwiązaniu zazwyczaj nie zadają pytań o to, jak i dlaczego sytuacja stała się tak rozpaczliwa ani nie gromadzą informacji na temat trudności[51].Pytają raczej o to, w jaki sposób klient przyczynia się do ustabilizowania sytuacji i zapobiega temu, by się pogorszyła.

Aby rozmawiać o tym, w jaki sposób klienci mogą wieść życie w poczuciu sensu i znaczenia, nie trzeba w pełni rozumieć ani analizować ich postrzegania świata (wszystkich stwierdzeń i zawiasów), wystarczy jedynie stworzyć wystarczająco dobre

---

[49] Najczęściej nazywane jest to „nie-wiedzą" (Anderson & Goolishian 1992).
[50] W j. niemieckim „Menschenbild".
[51]McKergow & Korman (2008).

dopasowanie, które pozwoli klientowi żyć dalej swoim życiem. To znaczy, że do pracy terapeutycznej z klientem wystarczy to, czym zdecyduje się on podzielić. Praktycy skoncentrowani na rozwiązaniu nie uznają istnienia jednej uzgodnionej perspektywy życiowej i cenią sobie różnorodność unikatowych rozwiązań każdego klienta.

Ponieważ podstawą Podejścia Skoncentrowanego na Rozwiązaniu jest szacunek i wsparcie dla celów i wizji świata klienta, terapeuta ufa, że klient wie, jakich zmian pragnie i będzie współpracował najlepiej jak potrafi, aby te zmiany nastąpiły[52]. To znaczy, że praktycy skoncentrowani na rozwiązaniu opierają swoją relację z klientem na podstawie szacunku dla przekonań, autonomii, bezpieczeństwa i potrzeb klienta. Oznacza to również, że terapeuci starają się minimalizować swoje zaangażowanie w życie klienta[53]. Dzieje się tak po to, aby pomóc ludziom znaleźć w sobie siłę, aby wieść znaczące życie zgodnie ze swoim wartościami. Wzmocnienie rozumiane jest jako zachęcanie klientów, aby uświadomili sobie swoją siłę i sprawczość w przejęciu kontroli nad znaczącą zmianą, do której dążą. Jest to w przeważającej mierze wzmocnienie indywidualne, ale w pewnym stopniu także interpersonalne w relacji z najbliższymi, a czasami także społeczno-polityczne, aby uzyskać dostęp do zasobów i zdobyć się na zakwestionowanie powszechnie wyznawanych prawd[54].Taki wybór powoduje, że Podejście Skoncentrowane na Rozwiązaniu nie definiuje norm na podstawie rozkładu normalnego w opisie statystycznym. Koncepcja „normalności" jest w istocie rzeczy pusta, istnieje jedynie odchylenie i zmiana[55]. Normalność w obszarze życia i zdrowia psychicznego jest kulturowym, ideologicznym i politycznym wyborem[56]. Nie należy mylić tego wyboru

---

[52] Na przykład, *Solution-focused treatment manual* (2013).
[53]Te etyczne wybory zostały opisane szczegółowo w Kodeksie etycznym EBTA (2015).
[54] Rappaport i inni (1984).
[55] de Shazer (1994, s. 107).
[56] Berger, Luckmann, Zifonum (2002).

z normatywną wartością tego, jacy ludzie powinni być i jak powinno wyglądać ich życie. Wzmocnienie kompetencji klienta wymaga, aby terapeuta stworzył bezpieczną i wygodną interakcyjną przestrzeń, w której klienci będą mogli wyrazić swoje myśli i gdzie spotkają się z otwartością, zainteresowaniem, szacunkiem, docenieniem i autentycznością ze strony rozmówcy. To wymaga również, aby terapeuta budował na nadziei, pozytywnych emocjach, zaletach, trosce, miłości, współczuciu, wdzięczności i solidarności wobec klientów i ich środowiska. Przyjmuje się, że to wszystko pomaga klientom radzić sobie z aktualnymi trudnościami, wzmacnia ich uważność, umożliwia rozpoznanie oznak zmiany i inspiruje ich do jej zapoczątkowania, wzbudzając jeszcze więcej pozytywnych emocji, które z kolei przyczynią się do rozwoju sprzyjających jej umiejętności[57].

Praktycy skoncentrowani na rozwiązaniu wykorzystują zdolność klientów do konstruowania i budowania na użytecznych przeżyciach, strategiach radzenia sobie, umiejętnościach rozwiązywania problemów, pouczających doświadczeniach, odporności, zasobach, silnych stronach, sprawnościach, zdolnościach i sukcesach – własnych i innych ludzi. Terapeuta słucha uważnie, aby wywołać i wzmocnić to, co może być pomoce na każdym etapie rozmowy i procesu zmiany. Niektóre zasoby są wyraźnie widoczne. Na przykład, opisy trudności często sugerują rozwiązania. Problemy można opisać jako niespełnione nadzieje. Rozmowa o największych nadziejach implikuje, że można je zrealizować. Rozmowa o zmianach w przeszłości implikuje, że kolejne zmiany są możliwe. Kiedy klienci są świadom swojej mocy wywierania wpływu, sprawczości i znaczenia działań, mogą przykładać mniejszą wagę do porażek, braku zdolności, motywów, konfliktów, przeszkód i problemów[58].

---

[57] Fredrickson (2013), Shick (2017).
[58] Z koncepcją „wzmacniania" wiąże się wiele niejednoznaczności. Co więcej, wśród praktyków skoncentrowanych na rozwiązaniu brakuje dyskusji na przykład na temat tego, jak bardzo lub jakimi środkami terapeuci wspierają

W niektórych przypadkach klienci mogą potrzebować alternatywy dla przeciwskutecznych lub szkodliwych zachowań, interakcji, myśli i uczuć. W takich sytuacjach klientom pomaga się podjąć inne działania zgodne z ich zasobami, wartościami i układem odniesienia. Rozumowanie leżące u podstaw takich interakcji wydaje się zaskakująco proste: jeśli jesteś niezadowolony z tego, co robiłeś dotychczas, spróbuj czegoś innego. Jednak nie jest już tak oczywistym powstrzymanie się od dawania rad lub przyjmowania postawy eksperta w kwestii tego, gdzie klient mógłby lub powinien się znaleźć[59].

W stronę najlepszej możliwej zmiany

By jeszcze bardziej wesprzeć kompetencje klientów, Podejście Skoncentrowane na Rozwiązaniu wprowadza ideę najlepszej możliwej zmiany. Może być nią wizja klienta, opis cudu, największe nadzieje wyrażone w rozmowie, doskonałe osiągnięcie albo inny z jego ideałów. Opisanie najlepszej możliwej zmiany pomaga klientom zrozumieć sytuację, wzmocnić swoje kompetencje i samodzielnie odkryć sens[60]. Czasami cud opisany przez klienta dzieje się naprawdę i życie klientów radykalnie zmienia się na lepsze.

Jak wspomnieliśmy wcześniej, rozmowa traktowana jest jako przedsięwzięcie intersubiektywne[61]. Obie strony współpracują

---

proces „wzmocnienia" swoich klientów. W 2018 roku grupa o nazwie *The Solution-Focused Collective* zapoczątkowała ruch poświęconych zmianom społecznym, które zapobiegłyby przeradzaniu się problemów społecznych w trudności osobiste (The Solution-Focused Collective, 2019).

[59] Ta zasada jest przedmiotem dyskusji wśród terapeutów. Niektórzy stosują zasadę wypracowaną w MRI, którą można wyrazić jako „rób więcej tego, co działa". Inni dokładają starań, aby nie sugerować klientom żadnych własnych idei (George, 2010).

[60] de Shazer i inni, (2006).

[61] Peräkylä i inni, (2008).

ze sobą i przyczyniają się do ostatecznego rezultatu. To nieuniknione, że terapeuta na wiele sposobów wpływa na klienta, przede wszystkim poprzez założenia, które wykorzystuje w swoich narzędziach konwersacyjnych. Ważne jest, aby terapeuci byli świadomi własnych, osobistych celów, jakie w jawny lub niejawny sposób wnoszą do rozmowy z klientem.

Praktycy skoncentrowani na rozwiązaniu są świadomi faktu, że bycie pomocnym w duchu Podejścia Skoncentrowanego na Rozwiązaniu również jest szczególnym rodzajem celu.

Zatem praktycy skoncentrowani na rozwiązaniu świadomie wpływają na ogólny kierunek rozmowy przez zachęcanie do wypowiedzi o rozwiązaniu. Postępując w ten sposób, biorą odpowiedzialność za własne intencje i wybory podczas rozmowy. Już sam nacisk na budowanie na istniejącym znaczeniu i kompetencjach klienta oraz wypatrywanie nadziei i najlepszej możliwej wersji przyszłości są ważnym wyborem w odniesieniu do jego sprawczości, gdyż zazwyczaj prowadzi to do względnie mniejszej liczby spotkań, a zatem, jak można twierdzić, ogranicza zależność od terapeutów[62]. Wykorzystując kluczowe założenia skoncentrowane na rozwiązaniu i szczególny, skoncentrowany na rozwiązaniu nacisk na narzędzia konwersacyjne, terapeuci oferują swoją wizję świata jako potencjalną perspektywę, którą także klient może uznać za własną.

Z drugiej strony, na ile to tylko możliwe, terapeuci ograniczają swój wpływ, ale pozostają w świecie klienta. Można powiedzieć, że odwiedzają świat klienta i wykorzystują swoje obserwacje, aby pomóc klientom zyskać lepsze zrozumienie, promować zmianę, tworzyć znaczenie i poczucie sensu oraz dążyć do tego, co jest dla nich znaczące, by dzięki temu mogli dalej wieść swoje życie i zakończyć spotkania z profesjonalnym terapeutą.

---

[62] Macdonald, (2017).

Profesjonalne wsparcie

Opisane powyżej etyczne wybory nie zabraniają terapeutom wyrażania swoich refleksji i interpretacji lub udzielania porad, jeśli klient o to poprosi i jeśli sytuacja tego wymaga[63]. Inne zachowanie mogłoby być niebezpieczne dla klienta i oznaczać zaniedbanie przez terapeutę jego obowiązków zawodowych. Interpretacje i porady udzielane są w sposób, który pasuje do perspektywy świata klienta i przedstawiane zawsze jako jedna z wielu możliwości. Terapeuci są świadomi, że klienci często wyznają sprzeczne wartości i pomagają im rozważyć i rozwiązać takie konflikty – na przykład pomagając znaleźć równowagę między własną perspektywą i potrzebą uszanowania prawa, norm społecznych i dobra innych ludzi.

Zmiana działań

W związku z tym, że w Podejściu Skoncentrowanym na Rozwiązaniu terapeuta ufa, że klient jest zdolny wieść życie pełne znaczenia, podejście to jest zorientowane na przyszłość i oferuje klientom praktyczne wsparcie, które pomaga im działać i realizować swoje cele. Ujawnia to również, w jakim stopniu osądy klienta są rozsądne, tzn. przyczyniają się do bardziej znaczącego życia.

Zmiana jest rozsądna, kiedy konsekwencje są zgodne z zamiarami

Wszystkie elementy rozmowy mają na celu wsparcie znaczących działań klienta, które umożliwią mu realizowanie w przyszłości

---

[63] Wśród praktyków skoncentrowanych na rozwiązaniu występują różnice zdań w tej kwestii. Z rozmów, jakie przeprowadziliśmy ze współpracownikami wynika, że niektórzy jedynie unikają, a inni w ogóle nie udzielają żadnych rad.

swoich wartości. Zmiany stają się znaczące, kiedy konsekwencje są takie, jakie zamierzono i można je zaobserwować w przyszłości. Podejście Skoncentrowane na Rozwiązaniu opiera się na przyszłych aspektach zamiarów klienta, aby osiągnąć coś wartościowego. Im lepszy i bardziej szczegółowy jest opis tego, co klient będzie robił w przyszłości, tym lepiej będzie wiedział, co należy zrobić i tym łatwiej będzie mu tego dokonać[64]. Tak więc Podejście Skoncentrowane na Rozwiązaniu wspiera i wzmacnia sprawczość klientów[65].

Jak wspomnieliśmy, istnieje bardzo proste uzasadnienie dla tej nadziei i opartej na wartościach orientacji na przyszłość: jedynie to, co się jeszcze nie zdarzyło, może zostać zmienione, zatem każda zmiana ma dopiero nadejść.

Oczywiście, zawsze można zmienić sposób, w jaki myśli się o *znaczeniu* tego, co się już stało. Takie zmiany mogą odmienić życie w radykalny sposób. Niemniej, ta zmiana nastąpi dopiero po określnym momencie w teraźniejszości i rozciągnie się na przyszłość.

Odzwierciedlenie i ocena

Orientacja na przyszłość wiąże się z dwoma innymi, wspomnianymi wcześniej, aspektami zmiany, które są skoncentrowane na rozwiązaniu. Po pierwsze, terapeuta pomaga klientowi zdefiniować zmianę, a następnie określić wszystko, co może wyglądać inaczej, gdy zamierzona zmiana nastąpi oraz jaka będzie sensowność jej konsekwencji. To odnosi zmianę do wartości klienta

---

[64] Badania, jakie prowadzi się w ramach psychologii pozytywnej nad sensownością, dobrostanem, powodzeniem i szczęściem świadczą o tym, że sensowność jest powiązana z celem i *eudaimonią*, byciem częścią czegoś większego od siebie (Seligman, 2011).
[65] Walter &Peller (1992), Shennan (2016).

i znaczenia, jakie nadaje życiu. Dlatego terapeuta rozmawia z klientem o tym, czy działania odnoszące się do zmiany przyniosły, po wprowadzeniu ich w życie, znaczące konsekwencje. Jeśli nie, terapeuta powtarza z klientem proces zmiany, modyfikując jakiś jego aspekt. Gdy klient poczuje, że nie tkwi już w martwym punkcie lub ma pewność, że wie, jak dalej żyć, wpół-konstruowanie może dobiec końca. Jeśli klient uzna to za właściwe, może wrócić do terapeuty w wybranym przez siebie czasie. W Podejściu Skoncentrowanym na Rozwiązaniu powszechne jest, że to klienci decydują, ile spotkań odbędą i w jakich odstępach czasu. Idea, aby postrzegać klientów w negatywnych kategoriach jako np. „wracających przez obrotowe drzwi", jest w Podejściu Skoncentrowanym na Rozwiązaniu po prostu niedopuszczalna. Terapeuci skoncentrowani na rozwiązaniu postrzegają siebie jako partnerów w procesie wpół-konstruowania, gdzie to klient sygnalizuje, kiedy ta współpraca może zostać zakończona.

Ponad 30 lat istnienia Podejścia Skoncentrowanego na Rozwiązaniu pokazało, że klienci mogą i rzeczywiście dokonują tego rodzaju zmian, jeśli zaoferuje się im współtworzone konwersacyjne konteksty[66].

Główne założenia, wartości i przekonania

Jakie są podstawowe założenia, przekonania i wartości Podejścia Skoncentrowanego na Rozwiązaniu?

Istnieje wiele list założeń, wartości i przekonań związanych z tą teorią[67]. Poniżej przedstawimy krótkie podsumowanie

---

[66] Macdonald (2017).
[67] Na przykład Wheeler & Vinnicombe (2011), Wells (2018).

najważniejszych z nich, razem z uwagami o wizji świata, jaką prezentują i ideologii, o której świadczą[68].

Język jest kluczowym elementem Praktyki Skoncentrowanej na Rozwiązaniu, ponieważ to on zapewnia ludziom narzędzie do zrozumienia swoich doświadczeń. Interakcja z innymi ludźmi nadaje słowom i stwierdzeniom ich znaczenie. Opisy tych oddziaływań tworzą mapę pojęciową, która pozwala ludziom określić się i wyrazić. Dlatego właśnie poznawanie za pomocą słów klienta jego mapy pojęciowej jest najważniejszym zadaniem terapeuty, które ma pomóc jemu i klientowi w skupieniu uwagi na tym, czego pragnie ten drugi. Umożliwia to także wsparcie klienta w zmianie.

Podejście Skoncentrowane na Rozwiązaniu opiera się na przekonaniu, że ludzie są enaktywni: odkrywają świat przez eksplorację i próbują go zrozumieć przez obserwacje, myśli, uczucia i intuicję. Mogą dokonywać wyborów i są zdolni wieść znaczące życie zgodnie ze swoim standardami. Potrafią dostrzegać, oceniać i definiować użyteczne różnice i zmiany. Ludzie posiadają również doświadczenie w radzeniu sobie z trudnymi sytuacjami i w przezwyciężaniu ich.

Zakłada się również, że ludzie życzą sobie, aby szanowano ich enaktywność: pragną wieść znaczące życie na własnych warunkach i chcą, aby dostrzeżono ich kompetencje, pragnienia, wyjątkowość i świadomość tego, że robią znaczące rzeczy[69]. Te unikatowe doświadczenia życiowe klientów traktowane są jako przejaw ich szczególnej, eksperckiej wiedzy.

Podejście Skoncentrowane na Rozwiązaniu postrzega doświadczenia życiowe klienta jako podstawę współpracy. Jej zamysłem jest wspieranie ludzi w ich eksperckiej pozycji.

---

[68] Na tym etapie są to wstępne przemyślenia, gdyż, o ile nam wiadomo, jest to pierwsza próba stworzenia takiego zestawienia.

[69] Zob. argumenty przemawiające za tym założeniem w np. Deci & Ryan (2000).

Terapeuta zwraca się również ku nadziejom klienta na przyszłość, jego umiejętnościom, kreatywności i próbom radzenia sobie z sytuacją, którą pragnie zmienić. Skupienie na przyszłości, jakiej pożąda klient, jest wyborem wynikających z doświadczeń klinicznych[70]. Badania pokazują także, że skupienie uwagi na pozytywnych aspektach życia, na możliwościach i lepszej przyszłości stanowi skuteczny sposób wzmocnienia klientów[71].

Podejście Skoncentrowane na Rozwiązaniu zakłada jednocześnie, że zmiana następuje w społecznym kontekście klienta. Znaczenie jest tworzone i dzielone z innymi ludźmi. Preferowana zmiana zyskuje sens i znaczenie w działaniach z innymi. Dlatego wiele pytań dotyczy preferowanych zmian w relacjach i najbliższym środowisku. Ten nacisk ma wzmocnić klienta, wspierać negocjacje z innymi oraz pomóc w przystosowaniu się do okoliczności. Podstawowym założeniem jest, że ludzie tworzą znaczące życie we wzajemnej interakcji.

Podejście Skoncentrowane na Rozwiązaniu zakłada, że ludzie posługują się różnymi obrazami i nie zawsze będą one pasować do siebie. Nawet jeśli preferowana przyszłość niektórych klientów w pierwszej chwili wydaje się nie odpowiadać innym ludziom, zazwyczaj bardziej szczegółowa analiza różnych możliwości pozwala znaleźć rozsądne porozumienie.

A konflikty? Niektóre konflikty są po prostu nieporozumieniami, które można rozwiązać dzięki rozmowie. W przypadku innych konfliktów terapeuci mogą zaproponować mediację[72].

Jak ludzie rozwijają te zdolności? Podejście Skoncentrowane na Rozwiązaniu nie wykształciło własnej teorii rozwojowej. Zamiast tego, jeśli zmiana tego wymaga, wykorzystuje te teorie, które poszczególni klienci uznają za użyteczne. Czasami terapeuci, znając mapę pojęciową klienta, mogą zaproponować odpowiednią do niej

---

[70]Gingerich & Eisengart (2004).
[71] Badania z zakresu psychologii pozytywnej, np. Fredriksson (2015).
[72] Na przykład de Shazer i inni (2007).

teorię. Istnieje kilka teorii z zakresu psychologii społecznej, psychologii dyskursywnej i teorii systemowej, które w naturalny sposób pasują do Podejścia Skoncentrowanego na Rozwiązaniu.

Dlaczego ludzie, mimo swojej wiedzy eksperckiej, doświadczają problemów? Można wyjaśnić ogólnie, że świat, rozumiany jako nieskończona liczba map pojęciowych o różnych znaczeniach, jest tak skomplikowany, że czasami każdy się w nim gubi. Co więcej, wydaje się, że próbując poradzić sobie z trudnościami, ludzie często używają błędnej mapy (dalej robią to, co nie działa)[73].

Jak wspomnieliśmy w części „Zmiana znaczenia", w Podejściu Skoncentrowanym na Rozwiązaniu nie ma potrzeby określać, dlaczego ani jak rodzą się problemy. Zamiast tego podejście to wykorzystuje osobiste doświadczenia, mapy i pojęcia klienta, które ewoluują w czasie interakcji terapeutycznej. To jest rzeczywistość najbliższa klientowi.

W konsekwencji postrzegania rzeczywistości jako skomplikowanego świata o zróżnicowanym znaczeniu, przyszłość jawi się jako zmienna i podlegająca negocjacji. Zakłada się, że zmiana następuje cały czas i można ją osiągnąć na wiele sposobów. Na przykład, może być nagła, powolna, ulotna, trwała, stopniowa, zaskakująca, oczywista, zaplanowana, twórcza, trudna, prosta, a nawet niemożliwa. Często drobne zmiany i różnice prowadzą do wielkich zmian[74]. Dlatego większość terapeutów formułuje wsparcie odpowiednio do konkretnych sytuacji i, jeśli to konieczne, na każdym kroku dokonuje jego oceny i reorientacji[75].

Te przekonania, wartości i wybory dowodzą, że w Podejściu Skoncentrowanym na Rozwiązaniu za podstawowe wartości uznaje się unikatowość, tolerancję, pluralizm i wzmocnienie innych.

---

[73] Watzlawick (1988).
[74] Często nazywane jest to „efektem fali", czasami również „efektem motyla".
[75] Praktyka skoncentrowana na rozwiązaniu często nazywana jest „krótkoterminową", ponieważ preferowane zmiany często następują w krótszym czasie niż w tradycyjnych XX-wiecznych szkołach terapeutycznych.

III. Opis: Co sprawia, że podejście jest skoncentrowane na rozwiązaniu?

Poniższy opis Podejścia Skoncentrowanego na Rozwiązaniu jest uproszczoną relacją z tego, co dzieje się w trakcie terapii, by pokazać, jak w rzeczywistości wykorzystywane są opisane wcześniej koncepcje. W tej części stawiamy pytanie o to, co czyni Podejście skoncentrowanym na rozwiązaniu. Jak przystało na specjalistyczną mapę myślową, poniższy opis podkreśla lub pomija pewne cechy przestrzeni działań, które są specyficzne dla Podejścia Skoncentrowanego na Rozwiązaniu. Dzięki temu mapa ta pomaga odróżnić Podejście Skoncentrowane na Rozwiązaniu od innych rodzajów „leczenia rozmową", „modelów coachingowych", „planów edukacyjnych" czy „podejść"[76].

Podejście SF może wydawać się powierzchowną rozmową bez dzielenia się „głębokimi lub ukrytymi przyczynami, wyjaśnieniami lub złożonymi psychopatologicznymi mechanizmami"[77]. Niemniej jest to wysoce skoncentrowana, współtworzona konwersacja, w której terapeuci skupiają uwagę na bieżącej chwili i obecności klienta. Koncentrują się na rzeczywistej wymianie słów i działań, jaka odbywa się między nimi. Na bieżąco reagują na to, co klient zrobił i powiedział chwilę wcześniej. Umyślnie zapamiętują, wywołują, wzmacniają lub rozwijają tematy charakterystyczne dla koncentracji na rozwiązaniu (przedstawione poniżej) w oparciu o to, co słyszą od klienta i co wydaje się wspierać współtworzenie zmierzające w stronę zmiany pożądanej przez klienta. Starannie formułują każdą

---

[76] Dlatego słynny cytat „Mapa to nie terytorium" z wypowiedzi Alfreda Korzybskiego podczas spotkania American Association for the Advancement of Science w 1931 roku stał się tak ważnym dla wielu terapeutów skoncentrowanych na rozwiązaniu.
[77] Głównym punktem krytyki wobec Podejścia Skoncentrowanego na Rozwiązaniu jest zarzut, że jest powierzchowna i nie dotyka rzeczywistych, podstawowych problemów (de Shazer (1988)).

wypowiedź w rozmowie, aby współtworzyć z klientem spójny, uzgodniony opis omawianej kwestii. W rozmowie te nieprzerwane i często zachodzące na siebie stwierdzenia stanowią budulec współtworzenia, który gromadzi wspólne znacznie[78].

Podejście skoncentrowane na rozwiązania operuje w domenie świata klienta, co wymaga nasłuchiwania i budowania na wszelkich wyrazach kompetencji, wzmocnienia i sprawczości klienta, jak również na jego nadziejach, ideach i planach na przyszłość. Terapeuta unika wydawania poleceń, np. rad, sugestii, interpretacji i próśb z zewnątrz, chyba że klient o to poprosi, a terapeuta posiada wiedzę, która pozwoli mu je zaoferować[79]. Czasami, na przykład w sytuacji wysokiego ryzyka lub konfliktów etycznych, zasadne może być udzielenie rad, propozycji lub sugestii dotyczących nowych działań (zrobienia czegoś innego). Niemniej nawet w takich przypadkach polecenia są formułowanie jako możliwości i opcje, a nie recepty przedstawione przez eksperta[80].

---

[78] Osadzenie wydaje się uniwersalnym, trójetapowym procesem powstawania wspólnego zrozumienia. Najpierw mówca prezentuje nową informację. Następnie słuchacz odpowiada, czy i jak zrozumiał (lub nie) tę informację. I na koniec mówca potwierdza, czy słuchacz zrozumiał (lub nie) go właściwie. Jeśli z wypowiedzi słuchacza wynika, że nie rozumie lub nie akceptuje wypowiedzi, albo jeśli mówca nie potwierdzi lub nie zaakceptuje jego odpowiedzi, proces osadzenia rozpoczyna się od początku, aż uda się wynegocjować wspólne znaczenie. Czasami znaczenie pozostanie niejasne i osłabia rezultaty dialogu. Czasami również osobiste znaczenie różni się od wspólnego znaczenia. Clark & Brennan (1991), Bavelas (2012), Bavelas i inni (2014).
[79] de Shazer (1984) McKergow & Korman (2009). Niektórzy eksperci nigdy nie udzielają poleceń w pracy skoncentrowanej na rozwiązaniu. Zamiast tego, w rzadkich okazjach, wykorzystują do dawania rad inną rolę, np. urzędnika lub rodzica (Shennan, 2017).
[80] Flatt & Curtis (2013).

Kluczowe tematy w praktyce skoncentrowanej na rozwiązaniu

Szacunek, zaangażowanie i pozytywność

O postawie skoncentrowanej na rozwiązaniu świadczy szacunek i zaangażowanie w docenianie klienta i jego unikatowych cech[81]. Terapeuta powinien okazywać szczere zainteresowanie[82] i uznanie dla tego, co wyraża klient. Klienci zazwyczaj podejmują rozmowę w podobny sposób, co przekłada się na relację równych sobie osób, w której to terapeuta bierze na siebie większą odpowiedzialność za zapoczątkowanie konstruktywnego, skoncentrowanego na wzroście procesu, a klient przyjmuje większą odpowiedzialność za przedstawienie treści, które w istotny sposób nawiązują do pożądanej przez niego zmiany. Szacunek i zaangażowanie manifestują się w formie walidacji, zachęty, komplementów i autentyczności oraz niewerbalnych ekspresji takich jak potakiwanie, uśmiech i pochylenie się w stronę klienta. Te elementy zazwyczaj tworzą pozytywną atmosferę wyrażającą nadzieję, empatię, troskę, współczucie i humor[83].

Na przykład:

- *„Zrobię wszystko, co w mojej mocy" – na początku okazywania wsparcia (by okazać troskę).*

- *„Tak i..."– kiedy klient opisał przebieg zdarzenia (by okazać uznanie).*

---

[81]Froerer& Connie (2016). Shennan (2017) nie jest przekonany, że te elementy są specyficzne dla Podejścia Skoncentrowanego na Rozwiązaniu.

[82] Gale Miller nazwa to „umiejętnością zdyscyplinowanego zainteresowania" (Miller, 2014).

[83] Shick (2017). Jesteśmy świadomi, że dokładne znaczenie tych koncepcji nie jest jasne. Zob. np. uwagi Hutto & Jurgen (2019) o enaktywnej empatii.

- *„Co wtedy Pan/Pani zrobi?" – po tym, jak klient opisał krok naprzód (by okazać zachętę i zainteresowanie).*

- *„Doskonale!" – kiedy klient dokonał postępu (by okazać uznanie i walidację).*

- *„Kiedy jest Pan/Pani w stanie..." – budowanie na tym, co klient już robi (by okazać nadzieję i zachętę).*

- *„Tak, mogę sobie wyobrazić, że..." – kiedy klient opowiada o trudnościach, które terapeuta może sobie wyobrazić (by okazać empatię).*

- *„Niesamowite, jak Pan/Pani tego dokonał?" – kiedy klient opowiada o odniesionym sukcesie (by okazać szacunek, zainteresowanie i optymizm).*

Zachowanie i wykorzystanie języka klienta

Opisu świata klienta można dokonać wykorzystując i interpretując język na wiele różnych sposobów. Niektórzy klienci używają języka dosłownego, opisowego. Inni opisują swoje życie przez narrację, która podkreśla ich sprawczość i wydarzenia, w których uczestniczą[84]. Niektórzy używają metafor, które dają możliwość różnych interpretacji. U niektórych można dostrzec humor i kreatywność; bawią się niejasnością, przypadkowością i sprzecznościami, aby spojrzeć na rzeczy z innej perspektywy. Korzystanie z metafor i humoru pokazuje, że zmiana nie musi być logiczna i może przyjść „spoza pudełka". W pracy z grupami i zespołami podobieństwa i różnice języka tworzą istotne możliwości wspierania tychże grup i zespołów w konstruowaniu wspólnego znaczenia, a przynajmniej poszanowania dla różnic.

---

[84] Iveson & McKergow (2016).

Terapeuta podąża za sposobem, w jaki klient używa języka. To oznacza, że wykorzystuje najważniejsze koncepcje i sposób myślenia klienta. Jeśli klienci, opisując przyszłą zmianę, używają różnych typów języka, najlepszym wyborem jest użycie tego typu, który możliwie w najbardziej jasny sposób prezentuje tę zmianę. W ramach tego języka praktyk SF zachęca klienta, aby odszukał i wykorzystał istotne różnice, które mogą przyczynić się do pożądanej zmiany. Na przykład, mogą użyć skali, aby ocenić aktualną sytuację w odniesieniu do preferowanej zmiany, osiągnięty postęp lub poziom pewności co do zmiany.

Na przykład:

- *„Jak opisałby Pan/Pani swoją obecną sytuację?" – otwarte pytanie, aby poznać słowa i sposób myślenia używane przez klienta.*
- *„Czy może Pan/Pani podać tego przykład?" – by uzyskać szczegółowe opisy zaczerpnięte z doświadczeń klienta, kiedy klient używa abstrakcyjnego języka.*
- *„Kiedy on mówi, że powinien Pan/Pani więcej pracować, jak chciałby Pan/Pani na to odpowiedzieć?" – by zbudować interakcyjną, sekwencyjną mapę wydarzeń.*
- *„Więc jakie opcje ma Pan/Pani w sytuacji, którą Pan/Pani opisał?" – by zgłębić różne perspektywy.*
- *„Co jeszcze mówi Panu/Pani, że rzeczy mają się dobrze?" – by rozwinąć opisy preferowanej zmiany.*
- *„Co byłoby krokiem we właściwym kierunku?" –– aby ocenić postęp na skali.*
- *„Jak daleko udało się Panu/Pani już dojść?" – aby zmierzyć i oszacować postęp.*

Sojusz z klientem i wspieranie pożądanej przez niego zmiany

Podstawową aktywnością w Podejściu Skoncentrowanym na Rozwiązaniu jest sojusz z klientem i wspieranie go, przez prowadzenie rozmowy przywołującej szczegółowe opisy oczekiwanej zmiany, w dokonaniu tejże zmiany w percepcjach, uczuciach, myślach, intencjach, wyborach i/lub działaniach[85]. W ramach tego procesu terapeuta rozmawia z klientem o wszystkim, co wydaje się być pomocne w dokonaniu pożądanej zmiany. Na początku może to być rozmowa o problemach, niepożądanych nawykach, o tym, co dzieje się złego, lub o ograniczeniach (o tym, czego nie można zmienić). To, co niepożądane, jest traktowane jako coś, co może ulec zmianie[86]. Ogólnie rzecz biorąc, rozmowa nie dotyczy tego, dlaczego rzeczy potoczyły się źle, a terapeuta nie stosuje żadnej teorii ani modelu, aby wyjaśnić przyczyny trudności lub problemów[87]. Często określane jest to jako „reagowanie szacujące",[88] „pomaganie o krok z tyłu"[89] i wyobrażanie sobie sytuacji klienta w odniesieniu do zmiany, którą ma nadzieję osiągnąć[90]. Można to porównać

---

[85] Przykłady i nawiązujące do teorii analizy opisów w kontekście terapii można znaleźć w Ivenson & McKergow (2016).

[86] Zgodnie z powiedzeniem „każdy problem jest niespełnionym marzeniem". Terapeuci, zależnie od sytuacji i kontekstu, mają różne zadanie na temat tego, jak wiele czasu można poświęcić „rozmowie o problemie". Niektórzy terapeuci aktywnie i od razu przechodzą do „budowania rozwiązania", inni wyczekują na właściwy moment w rozmowie.

[87] Niektórzy klienci pytają o teorie i w niektórych sytuacjach jakaś teoria może być wprost lub nie-wprost obecna, na przykład jako przejaw zdrowego rozsądku. W takich przypadkach teoria lub koncepcje teoretyczne mogą być wykorzystywane jako praktyczne wyjaśnienia.

[88] Krame & Stiles (2015).

[89] Solution Focused Therapy Treatment Manual for Working with Individuals, wyd. 2 (2013).

[90] de Shazer i inni (2006).

z jazdą samochodem i spoglądaniem co pewien czas w lusterko, aby zobaczyć, co zbliża się z tyłu[91].

Zmianą może być jakakolwiek rzecz, która dla klienta jest celowa, sensowna i znacząca oraz którą terapeuta może wspierać. Zazwyczaj jest ona konstruowana i uzgadniana w oparciu o przedstawiany przez klienta opis jego obecnej sytuacji życiowej, w której zmiana nie jest jeszcze obecna, ale niebawem może nastąpić. Dobrym punktem wyjściowym do rozmowy o tym, co może się zmienić, są nadzieje, oczekiwania, plany, wizje i marzenia klienta. Niezwykle skutecznym sposobem opisania oczekiwanej zmiany jest wyobrażenie sobie spełnienia największych nadziei klienta lub hipotetycznego dnia nazajutrz po cudzie, kiedy problem przestał już być problemem. Ten obraz jest zazwyczaj współtworzony przez przywołanie konkretnych i szczegółowych opisów pożądanych różnic w bezpośredniej sytuacji życiowej, włączając w to również perspektywę ważnych osób w życiu klienta. W kolejnych rozmowach, po rozważeniu opisów lepszej przyszłości albo po doświadczeniu konsekwencji początkowych zmian, klienci mogą przeformułować decyzję, co pragną zmienić. Zmiana, szczególnie w przypadku istotnych zmian, może zostać opisana również jako część narracji życiowej klienta[92].

To przywołuje aspekt Podejścia Skoncentrowanego na Rozwiązaniu, który jest jednym z największych wyzwań dla początkujących terapeutów – jak reagować, kiedy klienci wydają się niezdolni do opisania preferowanej przyszłości. Łatwo jest popaść wtedy w luźną rozmowę o tym, dlaczego sprawy mają się tak, a nie inaczej i pogłębiać uczucie utknięcia w miejscu. Terapeuci skoncentrowani na rozwiązaniu rozumieją, że możliwości do zmiany często pojawiają się w drobnych, złożonych szczegółach życia ludzi.

---

[91] Informacje zwrotne od słuchaczy podczas konferencji EBTA w Sofii w 2018 r.
[92] Znaczące wydarzenia życiowe, np. poważna choroba, wypadek, śmierć bliskiej osoby, ale również utrzymujące cierpienie w wyniku niesprawiedliwości społecznej, rasizmu lub nierówności.

Dlatego zachęcają klientów do opisów pozornie banalnych i przyziemnych codziennych czynności ze swojego życia. Pytania w stylu „i co mogłoby być znakiem, który będzie dla Pana/Pani wskazówką, że zmiana może być możliwa?" postrzegane są jako równie użyteczne, jak pytania, które zachęcają do opisów wyraźnej i wykonalnej zmiany.

Na przykład:

- *„Po czym Pan pozna, że nasze dzisiejsze spotkanie było dla Pana użyteczne?" – by zyskać pojęcie o oczekiwaniach klienta i wyrazić przekonanie o okazywanym wsparciu.*
- *„Jakiego rodzaju zmiany Pani szuka?" – jako zaproszenie do rozmowy o rozwiązaniu, jeśli klientka nie powiedziała jeszcze nic o zmianie.*
- *„Jak będzie wyglądać sytuacja, kiedy osiągnie Pan swoje cele?" – aby uzyskać opis preferowanej zmiany jako celu i zasugerować,   że te cele zostaną osiągnięte.*
- *„Co się zmieni, kiedy Pani sprawy ułożą się bardzo dobrze?" – aby uzyskać wgląd w kluczowe aspekty zmiany i okazać ufność, że klientka jest w stanie dobrze sobie poradzić.*
- *„Przypuśćmy, że wydarzył się cud I sytuacja naprawdę się zmieniła – inicjując jedną z wersji klasycznego „pytania o cud", kiedy klient ma trudności w opisaniu oczekiwanej zmiany[93].*
- *„Po czym inni poznają, że wydarzyła się zmiana?" – aby uwzględnić perspektywę ważnych osób w życiu klienta.*
- *„Co jeszcze?" – aby wzbogacić opis.*

---

[93] Berg & Dolan (2001).

Okazywanie odpowiedniego wsparcia

Zarówno klient, jak i terapeuta mają oczekiwania odnośnie tego, co może być wspierające, a co nie. Rozmowa o tym i uzgodnienie wsparcia i kontekstu, w jakim ono nastąpi, pozwala ukierunkować rozmowę i uczynić ją jasną, sensowną i znaczącą dla obu stron. Podejście Skoncentrowane na Rozwiązaniu jest oparte na założeniu, że klienci są w stanie samodzielnie znaleźć swój cel, jeśli zostaną do tego zachęceni lub o to poproszeni. Dlatego terapeuci zazwyczaj zgadzają się z oczekiwaniami klienta odnośnie wsparcia, o ile tylko jest to zgodne z zakresem ich kompetencji i norm etycznych. W Podejściu SF wsparcie jest wschodzącym dobrem współtworzonym przez terapeutę i klienta, a nie górnolotną uwerturą wygłaszaną z pozycji eksperta. To kwestia (1) wiedzy, co zrobić, (2) zdolności, aby to zrobić, (3) rzeczywistego zrobienia tego, (4) kontynuowania tego przez dłuższy czas i (5) dostosowania się do zmieniających się okoliczności. Na początku klient może oczekiwać lub potrzebować okazania wsparcia we wszystkich tych aspektach, a nawet w jeszcze innych. Dobrą wskazówką, że wsparcie dobiega końca, może być stwierdzenie klienta w stylu „Teraz wiem, co zrobić i jestem pewien, że sobie poradzę".

Na przykład:

- *„Jak nasze spotkanie może najlepiej Panu pomóc" – by zapytać o konkretne elementy, które mają wartość dla klienta.*

- *„O czym powinniśmy pamiętać podczas naszej wspólnej pracy?" – kiedy klient ma pewne doświadczenia, a może także określone oczekiwania wobec relacji i wsparcia.*

- *„Na czym powinniśmy się dzisiaj skupić?" – by ograniczyć i skupić wsparcie na istotnych aspektach zmiany.*

- *„W jakim miejscu na skali chciałaby Pani się znaleźć, aby móc zakończyć naszą pracę?" – by mieć pewne pojęcie kiedy zakończyć wsparcie.*

- *„Czy to dobre miejsce, aby zakończyć?" – kiedy klient sugeruje zakończenie, a czasami aby zainicjować koniec terapii.*

Czerpanie z kompetencji klienta i aktywowanie jego zasobów

Zmianę można osiągnąć przede wszystkim przez czerpanie z kompetencji klienta i aktywowanie jego zasobów, choć początkowo mogą one być ukryte lub uśpione[94]. Terapeuci skoncentrowani na rozwiązaniu wykorzystują zdolność klienta do tworzenia i budowania na użytecznych doświadczeniach, strategiach radzenia sobie, umiejętnościach rozwiązywania problemów, pouczających przeżyciach, odporności, zasobach, silnych stronach, zdolnościach, talentach i sukcesach – klienta i innych osób. Dlatego terapeuta zwraca na nie uwagę w wypowiedziach klienta lub wręcz inicjuje rozmowę na ich temat[95]. Wszystkie podstawowe pytania w Podejściu Skoncentrowanym na Rozwiązaniu opierają się na założeniach o zasobach i/lub zmianie klienta. Kompetencje często powiązane są z takimi słowami jak: silne strony, cechy, zdolności, umiejętności, wiedza, talent, radzenie sobie, odporność, bycie ekspertem, doświadczenie, uczenie się, rozwój, pewność, inicjatywa i mądrość. Niektóre zasoby mają charakter osobisty, na przykład rozumowanie, determinacja lub siła woli. Niektóre mają wymiar społeczny, jak istotne relacje, rodzina i inne źródła wsparcia społecznego. Inne mogą mieć charakter fizyczny, polityczny lub ekonomiczny. Rozmowa

---

[94] Gassmann & Grawe (2006).
[95] Jesteśmy wdzięczni Plamenowi Panayotov'owi za przypomnienie, jak ważne jest, aby pozwolić klientom zadawać własne pytania (Panayotov, 2020).

o wspierających emocjach, o tym, co idzie dobrze, o tym, co jest zdrowe w życiu klienta lub co czyni go szczęśliwym, również może być źródłem informacji o zasobach użytecznych dla zmiany. By pomóc klientowi uświadomić sobie, jakimi zasobami dysponuje, terapeuci często sięgają po odzwierciedlenie. W przypadku konfliktów i w sytuacji, kiedy podjęte próby zmiany nie przynoszą rezultatów, szczególnie użyteczne mogą być pytania i odpowiedzi dotyczące wartości wyznawanych przez klienta, ponieważ wskazują one na zmianę, jaka jest przez niego preferowana.

Na przykład:

- *„Czy dobrze usłyszałem, że był Pan w stanie...?" – by odkryć ewentualne zasoby.*
- *„Kiedy było z tym lepiej lub przychodziło to łatwiej?" – by przywołać sukcesy i postępy z przeszłości.*
- *„Co pomogło Pani w przeszłości?" – by wykorzystać doświadczenia klientki.*
- *„Jakich umiejętności mógłby Pan użyć obecnie w tej sytuacji?" – by zasugerować, że klient posiada użyteczne umiejętności.*
- *„Z której możliwości chce Pani skorzystać?" – by wykorzystać wiedzę ekspercką klientki.*
- *„Czy mogą Panu pomóc Pana współpracownicy?" – by aktywować wsparcie społeczne.*
- *„Co dodaje Pani sił?" lub „Co popycha Panią naprzód?" – by wykorzystać wartości i determinację klientki.*

Dostrzeganie i wzmacnianie postępu

Kompetencja klienta zazwyczaj manifestuje się w oznakach postępu. Na przykład, klienci mówią o lepszych chwilach lub zmianach na lepsze. Co zaskakujące, klienci często przywołują przykłady świadczące o tym, że oczekiwana zmiana już się dzieje. Terapeuta może uwidocznić te elementy, wykorzystując na przykład oceniające „skale", które opisują zmiany, jakie powodują różnicę w sytuacji klienta, a następnie rozmawiając o tym, co sprawiło, że to w ogóle było możliwe. Natomiast sposobem wzmocnienia postępu w Podejściu SF jest po prostu robienie więcej tego, co działa.

Czasami o postępie można jedynie domniemywać, na przykład, kiedy jakiś wyjątek[96] sprawi, że coś potoczy się lepiej niż zwyczaj w obecnej sytuacji, co może być uznane za potencjalną oznakę postępu. W bardzo poważnych przypadkach lub gdy klient ma ograniczony wpływ na swoje położenie, za postęp można uznać zapobieżenie pogorszeniu się sytuacji lub utrzymanie dotychczasowego stanu.

Na przykład:

- *„Co jest lepiej?" – rozpoczynając spotkanie od relacji o postępach przygotowuje grunt pod dalsze postępy.*
- *„Gdzie obecnie znajduje się Pan na skali postępów?" – by ocenić obecne położenie klienta w relacji do zmiany.*
- *„Co to, co Pani właśnie powiedziała, dla Pani znaczy?" – by poznać i wykorzystać ocenę klientki.*
- *„Co będzie Pana następnym krokiem?" – sugeruje dalszą zmianę dokonywaną przez klienta.*
- *„Czego potrzebuje Pani, aby wrócić na obrany kurs?" – aby wesprzeć podniesienie się po niepowodzeniu.*
- *„Co jeszcze może Pan zrobić?" – by przywołać pomysły, co można zrobić inaczej.*

---

[96] Wyjątki w problematycznych sytuacjach stanowią jeden z podstawowych elementów Podejścia Skoncentrowanego na Rozwiązaniu. Wyjątki zostają przeformułowane zgodnie z zasadą, aby od samego początku skupiać uwagę na pożądanej przyszłości, zamiast rozpoczynać rozmowę od problemów, co jest właśnie najczęstszym doświadczeniem klientów poszukujących wsparcia (w kontekście terapii). Zob. na przykład relację w Iveson & McKergow (2016) o tym, jak ośrodek BRIEF zaadoptował termin „przypadek" na określenie wystąpienia rzeczy, do których dąży klient.

Myślenie i działanie w inny sposób

Z samej idei zmiany wynika, że coś wymaga zmiany. Dlatego częstym tematem rozmowy jest myślenie inaczej (o znaczeniu lub wyborach) i/lub robienie czegoś innego (działanie). Nowe znaczenie często ewoluuje z dekompozycji lub rekompozycji faktów i fikcji przedstawianych w rozmowie w procesie przeformułowania[97]. Kiedy klient jedynie powtarza to, że coś nie działa[98], użyteczna może być rozmowa o tym, co takiego klient robi, co powstrzymuje sytuację przed pogorszeniem. Często jest to coś, czego klient nie uważa za swoją zasługę. Powstrzymanie się przez popadnięciem w trudniejsze położenie bywa niezauważane, dopóki klienci i terapeuci nie zmierzą się z pytaniem o „niepogarszanie". Można również zbadać inne akceptowalne[99] alternatywy, jakimi dysponuje klient, które mogą przysłużyć się do osiągnięcia pożądanej zmiany. Te alternatywy mogą być rezultatem logicznej analizy lub kreatywnej twórczości. Bardzo pomocne mogą być również inne osoby, które potrafią dostrzec różne „niekonwencjonalne" możliwości.

Na przykład:

- *„Co mógłby Pan zrobić zupełnie inaczej?" – kiedy nie pomogło nic, czego klient dotychczas próbował.*
- *„Co mogłoby naprawdę zaskoczyć innych? – w relacji z osobami, które uważają, że klient poniesie porażkę.*
- *„Co będzie, jeśli spojrzymy na to z tej strony?" – kiedy nowa perspektywa mogłaby przełożyć się na nowe działania.*

---

[97]Mattila (2001).

[98]Weakland i inni (1974).

[99] Wszystkie alternatywy muszą być zgodne z celami i zamiarami klienta. To, co w innych podejściach często nazywane jest „oporem", z perspektywy Podejścia Skoncentrowanego na Rozwiązaniu stanowi użyteczny wkład klienta świadczący o tym, że istnieją lepsze alternatywy, które warto odkryć i przeanalizować.

- *„Co mogłoby podsunąć Pani nowe pomysły?" – by wykorzystać możliwości, jakie daje sieć wsparcia.*
- *„A może coś takiego..." – aby przedstawić klientowi pod rozwagę coś nowego.*

Testowanie zmiany – w codziennym życiu między spotkaniami

Zmiany nabierają znaczenia, kiedy konsekwencje są zgodne z zamierzonymi celami. Życie jest pełne niespodzianek i dlatego rzeczywiste praktykowanie zmiany w codziennym życiu jest ważnym testem tego, czy zmiana ma sens i czy skutkuje poprawą, z którą wiążą się nadzieje klienta.

Czasami dobrze jest zaplanować z klientem eksperyment lub nakreślić nowe nawyki[100], aby przetestować wytworzone idee w rzeczywistych warunkach świata klienta. W przypadku klientów stojących w obliczu trudnych i ryzykownych sytuacji, ważne jest również, aby w jakiś sposób upewnić się, że zmiana jest bezpieczna, stosowna i wykonalna. Kiedy klient przećwiczy zmianę, na przykład w trakcie eksperymentu, rozmowa o tym, czy konsekwencje były zgodne z zamierzonymi, podobna jest do analizy sytuacji, w jakiej następuje zmiana. Jeśli nie są zgodne, można zaplanować nowy, zmodyfikowany proces zmiany[101].

Na przykład:

- *„Co mówi Panu, że rzeczy mają się lepiej?" – by podkreślić pozytywne zmiany, kiedy klient opowiada o postępach, jakie osiągnął.*

---

[100] Isebaert (2015).
[101] Badania przeprowadzone na Uniwersytecie Salamanki (Prada & Beyebach, 2008) świadczą o tym, że gdy wydaje się, że terapia utknęła w miejscu (cztery spotkania bez pożądanej zmiany), ważną rolę odgrywa lepsze dopasowanie do teorii zmiany wyznawanych przez klienta i/lub modyfikacja podejścia do zmiany.

- *„Jaki będzie Pani następny krok, aby osiągnąć postęp? –* by wesprzeć klientkę we wprowadzaniu zmiany w życie.
- *„Jak potoczył się Pana eksperyment?" –* kiedy klient spróbował zrobić coś nowego.
- *„Czego jeszcze Pani potrzebuje?" –* jeśli zmiana nie jest wystarczająca.

Śledzenie i ocenienie procesu

Zabiegając o to, aby rozmowa była cały czas wspierająca, wzmacniającą i skupiona na pożądanej przez klienta zmianie, terapeuta dokonuje nieustannej oceny – na początku, w trakcie i na końcu rozmowy.

W trakcie rozmowy terapeuci skoncentrowani na rozwiązaniu z uwagą tworzą i słuchają formulacji, aby zachować możliwie jak najwięcej ze słów klienta, budować na nich, i ograniczyć w ten sposób wpływ innych idei[102]. Również o tym, co należy pominąć, decydują, mając na uwadze perspektywę klienta. Wprowadzają nowe słowa jako uzupełnienia i odpowiedzi na prośby ze strony klienta, aby w ten sposób otworzyć przed nim nowe możliwości. Wypowiedzi te są zazwyczaj formułowane jako propozycje lub pytania orientacyjne. Terapeuci są również gotowi modyfikować swoje wypowiedzi, aby dostosować je do perspektywy klienta. Klienci w ogólnym założeniu formułują swoje wypowiedzi po to, aby zostać zrozumianymi i aby pokierować dialogiem. Często zawierają one to, co klient ma na myśli, co jest dla niego ważne, czego pragnie i jak zamierza postąpić. Terapeuci

---

[102] Formulacje to złożone wypowiedzi, w których mówca dokonuje podsumowania istoty jakiejś części rozmowy. Robiąc to, wybiórczo zachowuje, pomija, zmienia lub rozwija elementy, które przyczyniają się do współtworzenia nowej wersji tej części rozmowy. Sformułowania te często zawierają interpretacje, nazywanie, przerafowanie i odzwierciedlenie (Korman i inni, 2013).

skoncentrowani na rozwiązaniu wykorzystują w możliwie największym stopniu sformułowania klientów[103].

Odzwierciedlenia uczestników rozmowy, szczególnie na początku i na końcu konwersacji, wykorzystywane są w celu ugruntowania interpretacji i wniosków w doświadczeniach klienta. Te odzwierciedlające elementy rozmowy zapobiegają również próbom „wymuszania rozwiązania"[104] przyspieszającym zmianę, zanim jej sens i znaczenie staną się wystarczająco jasne. Terapeuci skoncentrowani na rozwiązaniu zazwyczaj dokonują odzwierciedleń dotyczących kompetencji, zasobów i możliwości. Odzwierciedlenia klienta na zakończenie rozmowy pokazują, z jakim zrozumieniem kończy on spotkanie i są dobrym sposobem domknięcia sesji.

Na przykład:

- *„Czy dobrze Pana rozumiem, że..." – by zweryfikować interpretację.*
- *„Czy może to, co Pani powiedziała wcześniej, jest ważne?" – by sprawdzić i przywołać wcześniej poruszony temat.*
- *„Co to doświadczenie Panu mówi?" – by ocenić jakiś nowy element.*
- *„Jak bardzo zbliżyła się Pani do swoich celów" – by zmierzyć postępy klientki.*
- *„Czy może na tę chwilę powinniśmy zakończyć?" – by sprawdzić poczucie procesu ze strony klienta.*
- *„Jakie są Pana wnioski z dzisiejszego spotkania?" – by odzwierciedlić bieżące spotkanie.*
- *„Co było dzisiaj użyteczne?" – by ocenić bieżące spotkanie.*
- *„Jestem pod wielkim wrażeniem, jak dobrze Pani to zrobiła! – by wesprzeć postęp klientki.*

---

[103] Oprócz sytuacji, gdy proponowane sformułowanie jest sprzeczne z wartościami terapeuty lub zdrowym rozsądkiem.

[104] „Wymuszanie rozwiązania" jest ryzykownym i błędnym sposobem stosowania Podejścia Skoncentrowanego na Rozwiązaniu (Nylund & Corsiglia, 1994).

IV. Zakończenie

Kończąc, mamy nadzieję, że nasza wspólna praca stanie się pomocnym wkładem w zrozumienie Praktyki Skoncentrowanej na Rozwiązaniu i że to opracowanie będzie użytecznym materiałem dla trenerów, praktyków i wszystkich innych zainteresowanych rozwojem tego podejścia. Powyższy materiał jest owocem współpracy i przyczynków innych osób, które podzieliły się swoimi perspektywami bezpośrednio z autorami oraz podczas warsztatów i prezentacji na konferencjach.

Relacje z pierwszych lat Podejścia Skoncentrowanego na Rozwiązaniu malują obraz kultury pełnej ciekawości, współpracy i debat, które wydatnie przyczyniły się do zaistnienia tego podejścia. Mamy nadzieję, że i nasza praca będzie w pewien sposób pielęgnować podobną kulturę wśród znacznie liczniejszego grona ludzi, którzy znają i cenią sobie to podejście, oraz że ta kultura pomoże zachować to podejście żywym i otwartym na zmiany. Dlatego dbajmy o to, aby konferencje EBTA i w inne spotkania były forum dyskusji o ideach, wymiany uwag i debat, dzięki czemu staniemy się świadkami kolejnych etapów ewolucji naszego podejścia.

Poszerzenia kręgu idei

Światowa konferencja w 2017 roku zapewniła nam znakomitą możliwość zaprezentowania naszej pracy, zweryfikowania treści tego opracowania w gronie współpracowników oraz zebrania nowych idei, które mogą przyczynić się do dalszego rozwoju teorii.

Autor zdjęcia: Dave Hogan. Wykorzystano za pozwoleniem.

Bibliografia

Anderson, H. & Goolishian, H. (1992). The client is the expert: A not-knowing approach to therapy. W: McNamee, S. & Gergen, K. J. (redaktorzy), Inquiries in social construction. Therapy as social construction, s. 25-39. Thousand Oaks, CA, USA: Sage Publications, Inc.

Bavelas, J. B. (2012). Connecting the Lab to the Therapy Room. W: Franklin C., Trepper, T. S., Gingerich W. J., McCollumn E. E. (redaktorzy), Solution-Focused Brief Therapy, a Handbook of Evidence-Based Practice. Oxford Press.

Bavelas, J. B., Korman, H., DeJong, P., Smock Jordan, S. (2014).Does SFBT Have a Theory? Sesja plenarna podczas konferencji EBTA w Leuwaarden.

Bavelas, J. B., Korman, H., DeJong, P., Smock Jordan, S. (2014). The theoretical and research basis of co-constructing meaning in dialogue. Journal of Solution-Focus Brief Therapy. Vol. 1, No 2, s. 1-24.

Berg. I. K. & De Jong, P. (1996). Solution-Building Conversations: Co-Constructing a Sense of Competence with Clients. Families in Society: The Journal of Contemporary Human Services. Families International. s. 377-391.

Berg, I. K. & Dolan, Y. (2001). Tales of solutions: A collection of hope-inspiring stories. New York: Norton.

Berger, P. L., Luckmann, T., Zifonum, D. (2002). The social construction of reality. Penguin Books.

Beyebach, M. (2008). „Nothing is better": constructing improvements in solution-focused sessions. Warsztaty na konferencji EBTA w Lyonie.

Cecchin, G. (1987). Hypothesising, circularity and neutrality revisited, an invitation to curiosity. Family Process, 26 (4), s. 405-13.

Clark, H.H. & Brennan, S. E. (1991). Grounding in communication. W: Resnick, L. B., Levine, J. M., Teasley, J. S. D. Perspectives on socially shared cognition. American Psychological Association.

De Jong, P. & Kim Berg, I. (2012). Interviewing for Solutions. Wadsworth Publishing Co Inc.

De Jong P., Bavelas, J. B., Korman, H. (2013). An introduction to using microanalysis to observe co-construction in psychotherapy. Journal of Systemic Therapies, Vol. 32, No. 3, 2013, s 17-30.

de Shazer, S. (1984). The Death of resistance. Family Process, t. 23, nr 1, s. 11-17.

de Shazer, S. (1991). Putting difference to work. New York: Norton.

de Shazer, S. (1994). Words were originally magic. New York: Norton.

de Shazer, S. (2013). Słowa były kiedyś magią. Łódź: CTK SolutionsNow.

de Shazer, S., Dolan, Y. M., Korman, H., Trepper, T. S., McCollum, E. E., & Berg, I. K. (2006). More than miracles: The state of the art of solution focused therapy. New York: Haworth Press.

EBTA Practice Definition (2012). http://blog.ebta.nu/wp-content/uploads/2012/05/EBTA-SF-PRACTICE-DEFINITIONS_2012.pdf, odczytane 31.7.2020.

Erickson, M. H. (1954a). Special techniques of brief hypnotherapy. Journal of clinical and Experimental Hypnosis, 2. s. 109-129.

Erickson, M. H. (1954b). Pseudo-Orientation in time as a hypno therapeutical procedure. Journal of Clinical and Experimental Hypnosis, 2, s. 261-283.

Erickson, M. H. (1980). The collected papers of Milton H. Erickson: Vol. II. Hypnotic alterations of sensory, perceptual and psychophysiological processes. Irvington.

Fichte, J. G. (1794), Grundlage der gasemten Wissenschaftslehre. Fundamental Principles of the Entire Science of Knowledge. https://voices.uchicago.edu/germanphilosophy/files/2012/Fichte-The-Science-of-Knowledge-sec-1-3.pdf, odczytane 31.7.2020.

Flatt, S. & Curtis, S. (2013). Offering expert knowledge within a not-knowing solution-focused paradigm: A contradiction in terms or a helpful response to (some) real life conundrums? International Journal of Solution-Focused Practices, Vol. 1. No 1, s. 28-30.

Fredrickson, B. (2013). Love 2.0. Penguing Books.

Freud, S; Breuer, J. (1895). Studien über Hysterie. Franz Deuticke, Leipzig & Wien 1895.

Froerer A. & Connie, E. (2016). Solution-Building, The Foundation of Solution-Focused Brief Therapy: A Qualitative Delphi Study. Journal of Family Psychotherapy, vol. 27, 2016, Issue 1, s. 20-34.

Gassmann, D. & Grawe, K. (2006). General change mechanisms: The relation between problem activation and resource activation in successful and unsuccessful therapeutic interaction. Clinical Psychology & Psychotherapy 13(1), s. 1-11.

George, Evan, (2010). What are the disadvantages of the brief solution focused approach? https://www.brief.org.uk/resources/faq/disadvantages-of-solution-focus, odczytane 31.7.2020.

Gingerich, W. J. & Eisengart, S. (2004). Solution focused brief therapy: a review of the outcome research. Family Process 39, s. 477-498.

Hacking, I. (1999). The social construction of what? Harvard University Press.

Haley, J. (1986). Uncommon Therapy. New York: Norton.

Hoyt, M. F. (2001). A conversation with Steve de Shazer and John Weakland. W: Interviews with brief therapy experts, Philadelphia.

Isabaert, L. (2015). Solution-Focused cognitive and systemic therapy: The Bruges Model. London: Routledge.

Iveson, C. & McKergow, M. (2016). Brief Therapy: Focused description development. Journal of Solution-Focused Brief Therapy, Vol 2, No 1, s. 1-17.

Jackson, P. Z. & McKergow, M. (2007). The Solution Focus, Making coaching & change simple. WS Bookwell.

Kant, I. (1914). Critique of pure reason, translated by Müller, F. M. (wyd. 2, poprawione), London: Macmillan. https://oll.libertyfund.org/titles/ller-critique-of-pure-reason, odczytane 31.7.2020.

Kant, I. (1957). Krytyka czystego rozumu. Tłum. R. Ingarden. Warszawa: PWN.

Korman, H. (2017). The 3.0 version of Reflection on SFBT 2.0. https://www.academia.edu/38423866/The_3.0_version_of_Reflec tions_on_SFBT_2.0.pdf, odczytane 31.7.2020.

Korzybski, A. (1933). Science and Sanity. Institute for General Semantics.

Kramer, U. & Stiles, W. B. (2015). The responsiveness problem in psychotherapy: A review of proposed solutions. Clinical Psychology: Science and Practice, 22, s. 277-295.

Lauth, R. (1989). Die transzendentale Konstitution der gesellschaftlichen Erfahrung. W: Transzendentale Entwicklungslinien von Descartes bis zu Marx und Dostojewski, Hamburg: Meiner.

Levinson, S. C. (2017). Speech Acts, In Huang, Y. (red.), The Oxford Handbook of Pragmatics.

Hutto, D.D. & Myin, E. (2012): Radicalizing enactivism. The MIT Press.

Lipton, P. (2001). Inference to the Best Explanation, London: Routledge.

Lütterfelds, W. (1989). Fichte und Wittgenstein: Der thetische Satz, Stuttgart: Klett-Cotta.

Macdonald, A. (2017). Solution-focused Brief Therapy evaluation list, http://blog.ebta.nu/wp-content/uploads/2017/12/SFTOCT2017.pdf, odczytane 31.7.2020.

Mattila, A. (2001). Seeing things in a new light. Reframing in therapeutic conversation. University of Helsinki, Faculty of Medicine, Institute of Clinical Medicine.

McGee, Del Vento, & Bavelas, J.B. (2005). An interactional model of questions as therapeutic interventions. Journal of Martial and Family Therapy. Październik 2005, Vol 31, No 4, s. 371-384.

McKergow, M & Korman, H. (2009). In between - neither inside nor outside: The radical simplicity of Solution-Focused Brief Therapy. Journal of Systemic Therapies, s. 34-49.

McKergow, M. (2016). Solution-Focused practice: Engaging with the client as a first-person, rather than a third person. InterAction, Volume 8, number 1: s. 31-44.

McKergow, M. (2016). SFBT 2.0: The next generation of Solution Focused Brief Therapy has already arrived, Journal of Solution Focused Brief Therapy vol 2 no 2, s. 1-17.

McKergow, M. (2020). Stretching the World. W: Dierolf, K., Hogan, D., van der Hoorn, S., Wignaraja (redaktorzy), Solution Focused Practice Around the World. Routledge, 2020.

McLeod, J., McLeod, J., Shoemark, Al., Cooper, M. (2009). User constructed outcomes: Therapeutic practice and everyday life. Paper presented at the Psychotherapeutic Practice Research Conference, University of Jyväskylä, luty 2009.

Miller, G. & de Shazer, S. (1998). Have You Heard the Latest Rumor About …? Solution-Focused Therapy as a Rumor. Family Process 37, s. 363-378.

Miller, G. (2008). Loughborough Group (Discursive Psychology) and Ethnomethodology, Karlstad Group, 2nd Meeting, Vienna: 25-26 marca, 2008.

Miller, G. & McKergow, M. (2012). From Wittgenstein, Complexity, and Narrative Emergence: Discourse and Solution-Focused Brief Therapy. W: Lock, A. & T. Strong, T. (redaktorzy). Discursive Perspectives in Therapeutic Practice. Oxford: Oxford University Press, s. 163-183.

Miller, G. (2014). Culture in Solution-Focused consultation: An intercultural approach. Journal of Solution-Focused Brief Therapy. Vol 1, No 2, s. 25-40.

Minuchin, S. (1974). Families and family therapy. Cambridge: Harvard University Press.

Morris, D. R. (2005). Causal inference in the social sciences: Variance theory, process theory, and system dynamics. https://proceedings.systemdynamics.org/2005/proceed/papers/MORRI261.pdf, odczytana 31.7.2020.

Nylund, D. & Corsiglia, V. (1994). Becoming Solution-Focused Forced in Brief Therapy: Remembering Something Important We Already Knew. Journal of Systemic Therapies: Vol. 13, No. 1, s. 5-12.

Nunnally, E., de Shazer, S., Lipchik, E., Berg, I. K. (1986). A Study of change: Therapeutic theory in process. W: Efron D. E. (redaktorzy) Journeys: Expansion of the Strategic-Systemic Therapies, New York: Brunner/Mazel.

Raz, J. (2017). Intention and value, Philosophical Explorations, 20: sup 2, s. 109-126.

Ryan, R. M. & Deci, E. L. (2000). Self-determination theory and the facilitation of intrinsic motivation, social development, and well-being. American Psychologist, 55, s. 68-78.

Panayotow, P. (2020). Solution is Only a Smile Away. https://www.academia.edu/30941198/Solution_Is_Only_a_Smile_Away, odczytana 31.7.2020.

Prada, A. S. &Beyebach, M. (2008). "Nothing is better": Constructing improvements in solution-focused sessions. Prezentacja na konferencji EBTA w 2008 roku.

Peräkylä, A., Antaki, C., Vehviläinen, S., Leudar, I., (2008). Conversation analysis and psychotherapy. Cambridge University Press

Rappaport, J., Swift, C. F., Hess, R. (1984). Studies in empowerment: Steps toward understanding and action. New York: Haworth Press.

Rogers, C. (1951). Client-Centered Therapy. Cambridge Massachusetts: The Riverside Press.

Seligman, M. (2011). Flourish, A new understanding of happiness and well-being and how to achieve them. Nicholas Brealy.

Seligman, M. (2011). Pełnia życia. Nowe spojrzenie na kwestię szczęścia i dobrego życia. Poznań: Media Rodzina.

Selvini-Palazzoli, M., Boscol, L., Cecchin G., Prata, G., (1973). Paradox and Counterparadox. New York: Aronson.

Shennan, G., (2016). Extended mind, extended person, extended therapy? InterAction vol. 8 nr 1, 2016, s 7-30.

Shennan, G., (2017). Comments on the draft for theory of solution-focused practice. wrzesień 2017.

Shick, R. (2017). Solution-Focused Brief Therapy from the client's perspective: A Descriptive phenomenological analysis. Athabasca University.

Solution Focused Therapy Treatment Manual for Working with Individuals, wyd. 2, (2013). Research Committee of the Solution Focused Brief Therapy Association. https://irp-cdn.multiscreensite.com/f39d2222/files/uploaded/Treatment%20Manual%20Final%2C%20Update%203-17-18.pdf, odczytana 31.07.2020.

The Solution-Focused Collective, (2019). A Solution-Focused Manifesto for Social Change. https://solfocollective.net/the-manifesto-for-text-readers/, odczytane 31.07.2020.

Thomas, F., (2016). Complimenting in Solution-Focused Brief Therapy. Journal of Solution-Focused Brief Therapy. Tom 2, Nr 1.

UKASFT Accreditable Practice and Accreditable Practitioners, 2015.

von Foerster, H. & Pörksen, B. (2002). Understanding systems, conversations on epistemology and ethics. Heidelberg: Carl-Auer-Systeme Verlag.

Walter, J. L. & Peller, J. E. (1992). Becoming Solution-Focused in Brief Therapy. Routledge.

Watzlawick., P. (redaktorzy) (1980). The Invented Reality: How Do We Know What We Believe We Know? New York: Norton.

Watzlawick, P. (1988). Ultra Solutions. How to fail most successfully. New York: Norton.

Wells, J. (2018). Ni inspirerar mig. Lösningsfokuserade förantagenden till stöd för bättre samtal och möten. Södra Dalarnas Samordningsförbund. Exakta. Malmö.

Weakland, J. H., Watzlawick, P., Fish, R., (1974). Change: Principles of problem formation and problem resolution. New York: WW Norton.

Weakland, J. H., Fish, R., Watzlawick, P., Bodin, A. M. (1974). Brief Therapy: Focused Problem Resolution. Family Process, 13, s. 141-168.

Wittgenstein, L. (1922). Tractatus logico-philosophicus. Routledge.

Wittgenstein, L. (2000). Tractatus logico-philosophicus. Tłum. Bogusław Wolniewicz. Warszawa: Wydawnictwo Naukowe PWN.

Wittgenstein, L. (1953). Philosophical investigations. Basil Blackwell.

Wittgenstein, L. (2000). Dociekania filozoficzne. Tłum. Bogusław Wolniewicz. Warszawa: Wydawnictwo Naukowe PWN.

Wittgenstein, L. (1969). On certainty. Basil Blackwell.

Wittgenstein, L. (2001). O pewności. Tłum. Bohdan Chwedeńczuk. Warszawa: Wydawnictwo KR.

Recenzje

Założeń teoretycznych Podejścia Skoncentrowanego na Rozwiązaniu

Wersja 2020

Recenzenci:

Thorana Nelson

Alasdair J. Macdonald

Arild Aambo

Sukanya Wignaraja

Guy Shennan

Tomasz Switek

Thorana Nelson

1. Podsumowanie

Wasza grupa doskonale poradziła sobie z opisaniem Podejścia Skoncentrowanego w obu kontekstach – założeniach teoretycznych i praktyce. Praca jest uporządkowana, dobrze napisana i całkiem zrozumiała. Nie jestem pewna, kim są jej zamierzeni odbiorcy. Jeśli są to praktycy Podejścia SF, uważam, że opis dobrze porządkuje nasze myślenie. Jeśli publikacja jest przeznaczona dla osób nieznających podejścia, zawiera pewne niejasne i nie najlepiej zdefiniowane idee, o których wspomnę poniżej. Sądząc po treści wstępu, wydaje się, że waszym celem było dotarcie do obu grup, może bardziej do pierwszej z nich lub do osób, które są zaintrygowane podejściem i pragną lepiej zrozumieć jego ogólną filozofię.

2. Teoria

Choć określiliście swoją pracę jako teorię, przyznaję, że opierając się na mojej wiedzy z zakresu nauk o rodzinie i filozofii nauki, jestem nieco zdezorientowana. Treść pracy w jasny sposób odnosi się od teorii procesu, opisując podejście bez wdawania się w szczegółowe opisy często przytaczanych koncepcji i praktyk. Dla tych, którzy skłonni są spierać się o różnice między teorią i Teorią, użyteczne mogłoby być skontrastowanie teorii procesu (deskrypcyjna; jak coś się rozwija) z ideą teorii, która wyjaśnia i zawiera w sobie hipotezy oraz/lub weryfikowalne konstrukty. Wydaje mi się, że Steve de Shazer był przeciwny tej drugiej. Pierwsza jest bardziej opisowa i opiera się na obserwacjach zamiast wyjaśniać, dlaczego coś jest takie, jakie jest (jak np. jedna z moich teorii odnośnie SFBT, iż skalowanie pomaga ludziom uporządkować swoje myślenie i wyobrazić sobie lepsze życie, redukując w ten sposób lęk, co umożliwia ukierunkowanie procesów myślowych na realizację własnych celów - podobnie jak u Bowena; inni mają odmienne zdanie o tym, jak działa SFBT, a Steve de Shazer nie chciał nawet zastanawiać się nad tym poza rozważaniami o języku i myślach Wittgensteina).

Twierdzicie, że „w Podejściu Skoncentrowanym na Rozwiązaniu teoria jest użyteczna jedynie w takim stopniu, w jakim jest pragmatyczna. Powinna umożliwić badania, wspierać praktyków i podnosić jakość usług świadczonych klientom". Pewną rzeczą, która ten proces pomija, są idee powiązanych ze sobą konstruktów i testowalnych hipotez (powodów, dla których coś działa w sposób, w jaki wydaje się działać). To odnosi się do treści, których nie poruszyliście w swojej pracy.

Jest to w istocie rzeczy nie tyle teoria wyjaśniająca, co raczej opisowa (deskrypcyjna) z pewnym tłem filozoficznym. Czy dobrze rozumiem waszą ideę?

Podoba mi się idea abdukcji – nigdy o tym nie słyszałam. Myślę, że opisując sięganie na przemian do obserwowalnych wzorców terapii i abstrakcyjnych idei, trafiliście w istotę rzeczy. Uważam, że ta właśnie kwestia dezorientuje wiele osób, szczególne jeśli odebrały wcześniejsze wykształcenie w różnych „teoriach"(które powinno się właściwie nazywać podejściami) i chcą dowiedzieć się więcej o teorii SFBT. Przedstawienie waszych idei w tym kontekście, co według mnie można było nawet bardziej podkreślić, bardzo pomaga zarówno tym, którzy pragną dowiedzieć się więcej o praktyce lub podejściu, jak i tym, którzy poszukują lub wręcz domagają się pogłębionej wiedzy o filozofii i wyjaśnieniach, jak i dlaczego ono działa itd. To przywodzi mi na myśl dialektykę, gdzie dwie pozornie sprzeczne idee (w tym przypadku: wyjaśnienie i opis), z którymi przyszło nam się zmierzyć, znajdują kulminację w pewnej syntezie, która zawiera jednoczenie obie i żadną z nich. Myślę, że udało się wam dokonać tego z powodzeniem.

Interesująca jest wizualizacja praktyki w sześcianie teorii i opisu, gdyż w miarę jak rozwija się praktyka, rozwijać musi się także teoria i opis. Rozumiem, dlaczego ważny jest opis (np. użycie „największej nadziei", które wykroczyło poza ramy pytania o cud) i myślę, że bardzo ważna jest także część o rozwoju teorii, ale jedynie wtedy, gdy plasuje się w szerszej strukturze filozofii, która przeciwdziała odejściu od któregokolwiek z podstawowych założeń Podejścia Skoncentrowanego na Rozwiązaniu. By pójść dalej, konieczna byłaby inna struktura, filozofia czy sposób myślenia. Tak więc, czy idee niektórych z naszych kolegów, które są takim rozwinięciem, nadal mieszczą się pod ogólnym „parasolem" Podejścia Skoncentrowanego na Rozwiązaniu?

III. Bycie w kontekście

Ponieważ odebrałam wykształcenie w podejściu systemowym (von Bertalanffy) i cybernetyce, z radością zauważam, że wpletliście te ważne relacyjne idee w swoją pracę, nie wzbudzając niepotrzebnego niepokoju u osób, które uznają „systemy" za określone podejście terapeutyczne. Konteksty relacyjne są niezwykle ważne i zbyt często są ignorowane przez osoby, które stosują podejście krótkoterminowe skoncentrowane na rozwiązaniu (SFBT) nie rozumiejąc wielu kwestii, które poruszacie w swojej pracy. Kontekst był jednym z istotnych punktów ogniskowych zmiany, któremu Steve de Shazer poświęcił uwagę w swoich opisach, praktyce i publikacjach. Moim zdaniem w tym podejściu niezbędne jest uwzględnienie licznych aspektów kontekstów klientów, szczególnie relacji osobistych, a jednak rzadko się o tym wspomina. W rezultacie wiele osób postrzega Podejście Skoncentrowane na Rozwiązaniu w sposób liniowy, nie rozumiejąc niuansów, problemów i rozwiązań klientów w sposób systemowy, jako zakorzenionych w kontekście.

Jednak pewnym aspektem kontekstu, który nie został opisany, jest relacja klient-terapeuta. Dążymy do tego, aby postawić się z boku, ale jak podpowiada cybernetyka drugiego rzędu, jesteśmy częścią systemów klientów i powinniśmy to uznać, choćby po to, aby nie wywierać przesadnego wpływu na kierunek, w którym klient może podążać. Pewnym rozwiązaniem jest przemyślane korzystanie z własnych pomysłów, przestawiając je jedynie jako sugestie, wydaje mi się jednak, że jednoznaczne umieszczenie tego w kontekście klienta może pomóc nam pozostać na peryferiach Cieszę się, kiedy klienci nie pamiętają mojego imienia, ale mam nadzieję, że zapamiętają coś z tego, co razem robiliśmy, szczególnie w aspekcie znaczenia w obszarze myślenia lub zachowania.

To prowadzi do idei dotyczących zmiany. Steve de Shazer i Insoo Kim Berg byli pod głębokim wpływem idei zmiany jako koncentracji na myśleniu i/lub zachowaniu oraz na ich rekursywnym charakterze. Byli również świadomi, że ich podejście podkreśla rekursywną naturę zmiany między myśleniem i zachowaniem, oraz że taka zmiana jest rekursywnie zlokalizowana pośród innych elementów kontekstu klienta, jak zauważanie i podkreślanie, jak kontekst wspiera (lub nie wspiera) zmiany. Może to odnosić się do innych ludzi, zinternalizowanych wartości i nawyków oraz systemowych inklinacji i działań .

Doświadczenie pokazuje mi, że ten drugi aspekt – kontekstowa reakcja na zmianę – jest często pomijany. Klient może uważać, że zmiany, do których dąży, są w ósmym punkcie skali, a zatem na daną chwilę są wystarczające. Klient może być również świadomy czynników kontekstowych, które ograniczają dalszy „postęp" w całym jego życiu, a których to rzeczy terapeuta może nie rozumieć. Jeśli ktoś lub coś w kontekście klienta odmawia mu wsparcia – czynnie lub biernie – zmiany, które wcześniej wydawały się klientowi wystarczające, mogą nagle utracić swą wartość. To kolejny powód, aby aktywnie uwzględniać kontekst, bez względu na to, czy inne osoby uczestniczą w spotkaniach, czy nie. W ujęciu systemowym, gdy inne osoby uczestniczą w terapii, a przynajmniej gdy klient i praktyk rozmawiają o nich i potencjalnych konsekwencjach zmiany, takie ewentualne „pułapki" lub „tak, ale..." łatwiej jest przewidzieć i wykorzystać w dążeniu do pożądanej zmiany. Stąd wynika waga pytań relacyjnych: „Kto to zauważy? Co inni zauważą? Co to zmieni dla nich? Co to zmieni dla ciebie?" Zbyt łatwo przychodzi nam założenie, że takie zauważalne różnice spotkają się z aprobatą klienta i innych osób. Zamiast tego możemy zapytać klienta o inne zmiany, które łatwiej byłoby mu zaakceptować.

IV. Wyjaśnienia i znaczenie

„Zmiana znaczenia" – w ten sposób odnosicie się do pewnego założenia podejścia skoncentrowanego na rozwiązaniu, ale to pierwszy raz, kiedy o nim wspominacie. Czy może należy napisać o tym więcej w innym miejscu?

„Zrozumienie percepcji" – to niełatwe, gdyż wymaga od nas odłożenia na bok własnych pomysłów. Czasami oznacza wyrażenia ich przed klientami lub współpracownikami, zrobienia czegokolwiek, co pozwoli pozbyć się ich z myśli (z wyjątkiem sytuacji, kiedy mogą być użyteczne, np. jeśli naprawdę pomyślimy o tym, czego klient nie wie lub nie jest świadomy).

Wyraziliście swoje przemyślenia o istotnych ideach Wittgensteina i ich wpływie na naszą praktykę w bardzo jasny i pomocny sposób.

Ogólnie rzecz biorąc, wasze przemyślenia o znaczeniu są bardzo dobre. Jednak idea współkonstruowania znaczenia nie jest wystarczająco jasna. Nie jestem pewna, dokąd to mogłoby zmierzać, ale uważam, że jest to dezorientujące dla tych, którzy nie są zaznajomieni z post-strukturalizmem lub ogólnie, z filozofią. Myślę, że są to bardzo ważne koncepcje, poszerzające ludzkie zrozumienie znaczenia jako czegoś nieokreślonego jednoznacznie, lecz tworzonego w kontekście, a nie tylko w ich myślach. To odnosi się do ich relacji z bliskimi jako że ich znaczenia mogą negować pomysły klientów lub przynajmniej być dla nich dezorientujące. Ponadto, jeśli chodzi o wspieranie pożądanej zmiany, nowe znaczenia w życiu klienta muszą obejmować jakiegoś rodzaju wpółkonstruowanie z innymi ludźmi, nie tylko z terapeutą. Zauważacie także, że gdy zmienia się kierunek, zależne od klientów aspekty zmiany, traktujące ich wartości jak „podstawę oferowanej pomocy", mogą obejmować także aspekty zależne od kontekstu – wartości, światopoglądy oraz doświadczenia kontekstu społecznego klientów, łącznie z szerszymi systemami jak edukacja, polityka i opieka zdrowotna.

Mam pewien problem z ideą, że każdy jest zdolny wieść życie pełne znaczenia, przynajmniej w formie, w jakiej została ona tu wyrażona. Wierzę, że wszyscy ludzie posiadają wartość i sprawczość, ale czasami kontekst ich życia nie pozwala im na wiele. Mam tu na myśli szczególnie uchodźców.

Budowanie na poczuciu pewności i odporności – bardzo dobrze! Doświadczenie nauczyło mnie, że zbyt wielu terapeutów uważa, że w jakiś sposób górują nad swoimi klientami i, choć nie mają takiego zamiaru, podważają zdolności i zasoby klientów lub myślą, że mogłyby być lepsze.

Bardzo cenię sobie także wzmianki o poświęceniu uwagi konsekwencjom zmian. Jedną z krytycznych głosów, jaki rozbrzmiewa wobec SFBT jest to, że nie mamy na uwadze niepomyślnych konsekwencji, nie ostrzegając klientów przed możliwymi trudnościami, mimo iż doświadczenia własne i innych pozwoliłyby nam coś takiego zasugerować (warunkowo, oczywiście). Miałam kilku klientów, którzy po rozważeniu potencjalnych negatywnych konsekwencji zmian postanowili zmodyfikować swoje cele. Inni, biorąc pod uwagę zależności między różnymi aspektami życia swojego i innych, którzy odczują wpływ zmian, oraz ich reakcjami na nie, uznali, że nie będą dążyć do 10 na skali i zadowolą się mniejszymi postępami.

V. Główne założenia, wartości i przekonania

Nie pamiętam niczego w publikacji de Shazera i innych (2007) o proponowaniu klientom pogrążonym w konfliktach pomocy w postaci mediacji. To nie znaczy, że nic takiego nie napisał, po prostu nie przypominam sobie tego.

Nie zgadzam się, że Podejście Skoncentrowane na Rozwiązaniu nie posiada teorii rozwoju zdolności klientów. Uważam, że stanowi ją rozwijanie wierzeń, działań i znaczeń klientów – poszerzanie możliwości lub zrozumienia, myślenia i zachowań bezpośrednio dla nich dostępnych. Także nasze silne przekonanie, iż klienci są zdolni wiedzieć, jakie zmiany są dla nich najlepsze, działać w oparciu o to oraz współkonstruować znaczenie na ich podstawie. Oczywiście, te kwestie są wyraźniej rozwijane w innych teoriach, np. psychologii społecznej, ale uważam, że wynikają także z naszych przekonań na temat ludzi i zmiany.

Podoba mi się metafora mapy. Mapa, z konieczności, pomija wiele informacji. Nasza profesjonalna postawa zainteresowania pomaga nam rzucić światło na takie pominięte elementy, które mogą być pomocne, ale nie zostały zauważone przez klientów.

Sugerowałabym ostrożność, gdy piszecie o „pozytywności". To słowo rozumiane jest na wiele rożnych sposobów, szczególnie w tak zwanej psychologii pozytywnej, i wielu praktyków uważa, że są skoncentrowani na rozwiązaniu, gdyż skupiają się na pozytywach i silnych stronach. Myślę, że wasza praca wyraźnie wskazuje na fakt, że nie to stanowi istotę naszego podejścia. Gdybyśmy tylko wskazywali na to, co pozytywne, ryzykowalibyśmy pominięciem wielu zasobów oraz pozostawieniem klienta w poczuciu, że nie został wysłuchany. Nic innego w tej części pracy nie wskazuje na pozytywność samą w sobie, dlatego myślę, że najlepiej będzie to uwypuklić lub pominąć.

Nawiązywanie do języka klienta jest bardzo ważne, nawet gdy podczas wymiany wypowiedzi poszerzamy ich treść. Język jest bardzo pojemnym pojęciem, obejmującym więcej niż słowa: to także sposób, w jaki są ze sobą zestawione oraz wartości i wierzenia, jakie sugerują, odzwierciedlenie kontekstu, możliwości lub ich brak itd. Myślę, że przykład „wykorzystania najważniejszych koncepcji i sposobu myślenia klienta" mógłby to nieco rozjaśnić. W innym razie, jak wynika z mojego doświadczenia ze szkoleń i superwizji, kształcący się terapeuci mogą uznać, że to odnosi się tylko do słów i ich literalnego znaczenia (lub subiektywnego znaczenia, jakie przypisują słowom klientów, co często prowadzi do przeróżnych nieścisłości i niedopatrzeń).

Podoba mi się, że podkreślacie, że często bardzo wiele kryje się w „drobnych, złożonych szczegółach" opisów klientów. Niuanse, możliwości alternatywnych znaczeń itp. stają się widoczne dzięki naszej ciekawości, pytaniom i prośbom o uszczegółowienie, nawet jeśli klienci uważają, że to „banalne sprawy".

Oferowanie odpowiedniego wsparcia - myślę, że w tym obszarze bardzo ważne jest uwzględnienie kontekstu i innych ważnych osób. Idea wsparcia może być współtworzona przez terapeutę i klienta, ale wierzę, że lepiej jest, jeśli będzie współtworzona przez klienta i inne ważne osoby, które zostaną dotknięte zmianą.

Wspaniale, że wspominacie o tym, że kompetencje klientów mogą być ukryte lub uśpione! Jako terapeuci musimy dochować wierności przekonaniom o kompetencji klientów i aktywnie ich poszukiwać, kiedy klienci są zniechęceni, zagubieni lub zakłopotani.

Dostrzeganie i wzmacnianie postępu: w tym miejscu moglibyście podkreślić potrzebę identyfikowania sprawczości klienta w procesie zmiany. Jak sprawili, że coś się stało, lub jak coś wspierali, lub co mogą zrobić, aby to podtrzymać? Pomocne byłyby także przykłady.

Mam nadzieję, że te uwagi podsuną kilka pomocnych pomysłów. Jestem głęboko wdzięczna wszystkim, którzy włożyli tak wiele przemyśleń i energii w powstanie tej pracy.

Alasdair J. Macdonald

Moim zdaniem ten dokument jest cennym wkładem do literatury poświęconej Podejściu Krótkoterminowemu Skoncentrowanemu na Rozwiązaniu. Przedstawia pracę światowych liderów tego podejścia na przestrzeni blisko dziesięciu lat. Aktualna grupa badawcza wspierania przez EBTA (*European Brief Therapy Association*) obejmuje dziewięciu powszechnie znanych terapeutów, reprezentujących osiem krajów. Dwoje z nich było wśród założycieli EBTA. W przeszłości także inni wiodący terapeuci uczestniczyli w pracach tej grupy. Autorzy cytują także opnie wielu innych znanych autorytetów w tej dziedzinie.

Członkowie EBTA poświęcili temu projektowi wiele czasu podczas swych międzynarodowych spotkań. Czerpali z umiejętności obecnych członków grupy oraz idei prezentowanych przez innych terapeutów na konferencjach i innych ważnych spotkaniach. Dokument ten, będący rezultatem tych prac, jest jasną i pomocną prezentacją najważniejszych idei stanowiących o obecnym kształcie podejścia skoncentrowanego na rozwiązaniu na świecie. Jak można się przekonać, wiele z tych idei nakreślonych zostało także w podobnych dokumentach opracowanych w innych krajach, np. wytycznych prezentowanych przez amerykańskie *Solution-Focused Brief Therapy Association* (Stowarzyszenie Terapii Krótkoterminowej Skoncentrowanej na Rozwiązaniu).

Od dłuższego czasu toczy się debata o praktyce terapii skoncentrowanej na rozwiązaniu, zarówno w połączeniu z teorią zmiany, jak i bez niej. Powstało wiele publikacji, które próbują odnieść tę formę do skuteczności i pozostałych aspektów innych terapii. Istnieje również wiele publikacji, które próbują odnieść Podejście Skoncentrowane na Rozwiązaniu do licznych motywów pojawiających się wśród idei filozoficznych prezentowanych w pracach Wittgensteina. Dzieła tego autora stanowią kluczowe osiągnięcie w dziedzinie wykorzystania języka w komunikacji międzyludzkiej oraz użycia języka jako sposobu konstruowania znaczenia w naszym poznawczym zrozumieniu ludzkiego świata.

Wielu wykładowców filozofii uważa Steve'a de Shazera za wyjątkowego myśliciela i znawcę idei Wittgensteina. Jednak fakt, że istnieje tak wiele poglądów i prób opisania terapii skoncentrowanej na rozwiązaniu może sugerować, że jakiś aspekt umyka naszej uwadze. Może nie osiągnęliśmy jeszcze poziomu dyskusji niezbędnego do tego, aby jasno przedstawić Podejście Skoncentrowane na Rozwiązaniu.

Idee i techniki skoncentrowane na rozwiązaniu są szeroko wykorzystywane w zarządzaniu i pracy z organizacjami. Dowiodły już, że w tych kontekstach są bardzo skuteczne. Istnieje wiele publikacji z raportami z projektów i badań dotyczących zastosowania Podejścia Skoncentrowanego na Rozwiązaniu w miejscu pracy. W odróżnieniu od obszaru terapii, można mówić o znikomej rywalizacji między zastosowaniami tego podejścia a innymi narzędziami pracy z organizacjami dostępnymi w na rynku komercyjnym. Odpowiednio przygotowany praktyk znajdzie dobrze płatne zatrudnienie bez względu na to, czy stosuje idee skoncentrowane na rozwiązaniu, czy inne podejście. Może stwierdzenie „zapłata stosowna do rezultatów" wydaje się zbyt prostym opisem tej różnicy, ale w świecie biznesu jest powszechnie stosowane.

Lista badań „EBTA Evaluation List" obejmuje okres od 1995 do 2017 roku. Serwis Google Scholar wyszukuje ponad 2800 publikacji rocznie w języku angielskim i co najmniej 12 innych językach. W 2017 roku do znaczących i aktualnych publikacji można było zaliczyć 10 meta-analiz, 7 przeglądów systematycznych, 325 istotnych badań wyników, w tym 143randomizowanych kontrolowanych badań wykazujących korzyści ze stosowania podejścia skoncentrowanego na rozwiązaniu, z których 92 wykazywało korzyści przewyższające inne formy terapii. Spośród 100 badań porównawczych, 71 przemawiało za podejściem skoncentrowanym na rozwiązaniu. Dane o efektywności podejścia pochodzą również z ponad 9000 przypadków, dla których wskaźnik sukcesu przekraczał 60%, a terapia wymagała średnio od 3 do 6.5 spotkań.

W Stanach Zjednoczonych ten model terapeutyczny został uznany przez rząd federalny i wpisany do rejestru SAMHSA (NREPP, SAMHSA – The National Registry of Evidence-based Programs and Practices[105]). Na poziomie stanowym został uznany przez stany Waszyngton i Oregon[106]. W Minnesocie, Michigan i Kalifornii działają organizacje wykorzystujące Podejście Krótkoterminowe Skoncentrowane na Rozwiązaniu, a w Teksasie analizowane są dane o jego skuteczności. W Finlandii oferowane są studia magisterskie z terapii skoncentrowanej na rozwiązaniu (tytuł przyznawany w Anglii), a w Singapurze istnieje uznany program akredytacyjny. W Kanadzie istnieje oficjalna lista praktyków i terapeutów oraz organizacja, która dba o jej utrzymanie. W Korei Południowej istnieje certyfikowany program szkoleniowy i wydawane jest czasopismo naukowe. W Szwecji, Polsce, Niemczech i Austrii podejście jest uznawane w ramach kwalifikacji do praktykowania terapii systemowej[107]. Walia włączyła je do swojego programu podstawowej opieki zdrowia psychicznego.

---

[105] Pozyskane z https://www.nrepp.samhsa.gov/landing.asp; dostęp 18 maja 2018.

[106] www.oregon.gov/DHS

[107] W Polsce Podejście Skoncentrowane na Rozwiązaniu stanowi podstawę szkolenia do Certyfikatu Psychoterapeuty PTPSR, uznawanego przez NFZ jako odrębny od certyfikatów wydawanych przez towarzystwa systemowe.

Arild Aambø

Z przyjemnością przeczytałem najnowszą wersję **Założeń teoretycznych Podejścia Skoncentrowanego na Rozwiązaniu**. To naprawdę imponujące dzieło, wszechstronny zbiór poglądów starannie uporządkowany w jednym dokumencie. Podobał mi się szczególnie fragment poświęcony głównym założeniom, wartościom i przekonaniom, gdyż w dużej mierze pokrywa się z moimi poglądami. Zastanawiam się jednak, czemu służy określenie „główne założenia, wartości i przekonania"? Czy takie stwierdzenia mogą być przesłanką do logicznie poprawnych argumentów?

To prowadzi do kolejnego pytania: „Czy Podejście Skoncentrowane na Rozwiązaniu jest zbudowane na takich teoretycznych konstruktach?" Oczywiście, że nie. O ile rozumiem, Steve de Shazer zbudował swój model, analizując nagrania spontanicznej, kreatywnej pracy Insoo Kim Berg i innych terapeutów, skupiając się na tym, jakie aspekty czyniły różnicę, a dopiero później powiązał to z filozofią języka. Czy możliwe jest, że główne założenia, wartości i przekonania służą za wytyczne, wspierając nas i inspirują w pracy klinicznej? W takim razie mógłbym odpowiedzieć: „Może, przynajmniej dla niektórych". Czy należy prezentować je klientom jako odmienny sposób widzenia świata, aby umożliwić zmianę? Czy może takie stwierdzenia są jedynie podstawą lub nawiązaniem do większych lub głębszej dyskusji, których nie podejmujemy? Czy jest to sposób na wyjaśnienie naszego podejścia innym ludziom, czy raczej coś, co musimy po prostu uznać i zastosować, aby stać się prawdziwymi terapeutami skoncentrowanymi na rozwiązaniu? Takie pytania inspirują mnie do sformułowania alternatywnych poglądów, w dużej mierze pod wpływem własnych doświadczeń zawodowych jako lekarza, działacza i badacza problemów zdrowotnych pośród bardzo zróżnicowanych grup imigrantów, którzy napłynęli do Norwegii w ostatnich dekadach, a także z troski z powodu skrajnych przypadków przemocy, jakie miały miejsce miedzy rdzenną ludnością i imigrantami.

Po pierwsze, wydaje mi się, że bardzo ważne jest założenie iż *zmiana jest nieunikniona*. Do tego również nawiązano na stronie 43. Dlatego z pewnym zaskoczeniem dostrzegam, że prawie za każdym razem, gdy w pracy wspomniana jest zmiana, a dzieje się tak dość często, przedstawiana jest *tak, jakby* klienci utknęli w sytuacji bez możliwości zmiany i *jakby* regułą było *status quo* i terapeuta razem z klientem musieli podjąć wysiłek, aby wywołać zmianę.

Po drugie, dysponujemy obecnie istotnymi przesłankami przemawiającymi za biologicznymi podstawami procesów poznawczych, opartymi na założeniu, że wszelkie przejawy życia maja charakter celowy w tym znaczeniu, iż wszystkie istoty, na każdym poziomie, kierują swoje zachowanie w stronę pewnych celów, np. spełnienie jakiejś potrzeby, lub– na poziomie meta– powstrzymują się od takich dążeń. Większość ludzi jest zdolna wybierać miedzy celami i ten wybór tworzy poczucie odpowiedzialności, w tym odpowiedzialności za zachowanie celowości życia, co wydaje się być wyjątkowe dla ludzi. To poczucie odpowiedzialności zwiększa naszą wartość jako ludzi oraz, według Hansa Jonasa, kiedy zachowujemy się w sposób, który utrudnia innym podjęcie tej odpowiedzialności, postępujemy nieetycznie.

Jeżeli rację mają Jonas, Maturana i wielu innych, którzy poruszali te kwestie, zorientowanie na cel (a zatem także zorientowanie na rozwiązanie) w rzeczywistości jest dla człowieka naturalną postawą. Jednak czasami, kiedy celowość jest połączona z władzą wykonawczą i siłą wdrożeniową czerpaną z poczucia potrzeb i odpowiedzialności innych ludzi, co zwykłem nazywać nieograniczoną sprawczością, można wyrządzić wielkie szkody środowisku naturalnemu i otoczeniu społecznemu. Dlatego nasze problemy jako ludzi zazwyczaj nie polegają na tym, że brakuje nam celów. Wyzwaniem jest dokonywanie wyborów między celami, aby realizować te, które są najbardziej satysfakcjonujące i akceptowalne etycznie.

Jako terapeuci powinniśmy mieć na uwadze, że niektórzy ludzie stali się ofiarami zmian, o które nie prosili, które nie są dla nich odpowiednie i które wzbudzają w nich poczucie zagubienia i bezsilności, a w ten sposób na pewien czas ograniczają lub paraliżują ich poczucie celowości. Może to być rezultatem między innymi nieograniczonej sprawczości innych ludzi. Zakładam, że w wielu takich przypadkach stosownym i użytecznym krokiem będzie zainicjowanie procesu wzmacniania i stymulowanie go pytaniami skoncentrowanymi na rozwiązaniu. W takim ujęciu postrzegam wzmocnienie nie jako emancypację, lecz jako proces stymulowania motywacji, aby zmierzyć się lub wręcz radzić sobie z niechcianą zmianą.

Wzmocnienie może przywrócić celowość, pomóc osobie odzyskać ufność i pewność co do własnych kompetencji oraz zmotywować do większej kontroli nad swoim życiem. Jednak pracując z imigrantkami z Pakistanu i innych wysoce patriarchalnych społeczeństw, często przekonywałem się, że nie jest to prosty proces. Patriarchat jest źródłem opresji, ale oferuje także znaczny zakres ochrony, na której wiele tych kobiet polega i dla której gotowe są zrezygnować z posiadania wpływu na inne obszary swojego życia.

Proces wzmocnienia został kilkukrotnie wspomniany i dobrze opisany w wersji tego dokumentu z 2020 roku, w której poświęcono również wiele uwag stymulowaniu sprawczości klientów. Z oczywistych względów dla wszystkich ważne jest wizualizowanie lepszej przyszłości. Jednak tak samo ważne jest wizualizowanie potencjalnie szkodliwych konsekwencji naszych zachowań, szczególnie tych niezamierzonych i nieświadomych. Wszyscy wiemy, że nieograniczona sprawność i solipsystyczne dążenia mogą być szkodliwe i sprowadzić nas na manowce, dlatego powinniśmy stawiać pytanie, czy stymulowanie sprawczości danej osoby jest właściwe we wszystkich sytuacjach i we wszystkich obszarach, w których stosowane jest Podejście Skoncentrowane na Rozwiązaniu. Brakuje mi wyraźniejszego podkreślenia perspektywy innych osób, bez względu na to, czy są nam bliscy lub kompletnie nieznani, ale potencjalnie mogą być ofiarami naszej sprawczości. Ujmując to inaczej, uważam że nie jest w pełni właściwe wprowadzać wzmocnienie bez bardziej dogłębnego rozważenia kwestii władzy i wpływu.

Bardziej wyważoną perspektywę można uzyskać, zadając pytania relacyjne, które, jeśli zostaną właściwie zastosowane, umożliwiają także doprecyzowanie wsparcia społecznego i ograniczenie sprawczości. Ważne jest również, aby terapeuci pomagali klientom przemyśleć swoje postawy i wartości. Uważam, że takim pytaniom i rozważaniom, choć nie zostały zupełnie pominięte, poświęcono w tej pracy za mało uwagi. O ile pamiętam, gdy Insoo Kim Berg prowadziła jeszcze terapię rodzinną, wspominała, że stosowała Podejście Skoncentrowane na Rozwiązaniu w około 80% przypadków. Ostatecznie, jest to kwestia ograniczeń Podejścia Skoncentrowanego na Rozwiązaniu, które nie zostały wspomniane w tej wersji dokumentu. Po ponad 40 latach stosowania tego podejścia, to pytanie nadal pozostaje bez odpowiedzi, choć mogłoby to mieć niezwykle ważne etyczne implikacje.

Zgadzam się z tym, że określenia *gość, skarżący się* i *klient* powinny zostać odłożone na bok, gdyż ich konotacje nie służą najlepiej wspieraniu Podejścia Skoncentrowanego na Rozwiązaniu. Brakuje mi jednak rozważań na temat relacji między klientem i terapeutą – jak można tę relację rozumieć, oraz o konieczności wzbudzenia zaufania, aby słowa i wypowiedzi mógłby być interpretowane w ich najlepszym znaczeniu.

W końcu, choć nieporozumienia są nieuniknione i jeśli zostaną ujawnione, mogą być bardzo stymulujące i otwierać pewne twórcze możliwości, uważam, że mądrze jest dążyć do wspólnego zrozumienia sytuacji, problemu i rozwiązania. Czy współdzielone zrozumienie jest istotne w Podejściu Skoncentrowanym na Rozwiązaniu?

Ponadto, co stało się z pytaniami skalującymi? Numery, mimo wszystkich swoich wad, nadal mogą być doskonałym i bardzo precyzyjnym wskaźnikiem, który umożliwia budowanie wspólnego zrozumienia.

Bibliografia

Aambø, A. (2014). „One Heart, Many Hands" Reflections of diversity, relationship, and expanding conversations. FokuspåFamilen, 1-2014, s. 49-71.

Jonas, H. (1981). The Imperative of Responsibility - In Search of an Ethics for the Technological Age. Chicago: The University of Chicago Press.

Maturana, H. R. & Varela, F. J. (1987). The Tree of Knowledge - The Biological Roots of Human Understanding Boston: Shambala Publications.

Sukanya Wignaraja

Pierwszy raz zetknęłam się z Podejściem Skoncentrowanym na Rozwiązaniu ponad dziesięć lat temu. To było otwierające oczy doświadczenie, zupełnie inny sposób „prowadzenia" terapii, podważający znaczną część wiedzy, jaką wówczas posiadałam. Byłam sceptyczna, jak wielu nowicjuszy, ale jednoczenie zaciekawiona. Miałam również to szczęście, że trafiłam na wspaniałą nauczycielkę i mentorkę – Debbie Hogan, która pokierowała mną i cierpliwie odpowiadała na moje pytania. Debbie opowiedziała nam historię powstania Podejścia Skoncentrowanego na Rozwiązaniu i byłam pod wielkim wrażeniem, że narodziło się ono z praktyki, a teoria pojawiała się później. To zrodziło we mnie przekonanie, że teoria nie była taka ważna dla zrozumienia, jak to działa podejście. Późniejsze dyskusje z innymi terapeutami, jakie odbyłam na przestrzeni lat, uświadomiły mi potrzebę jasno sformułowanej teorii, nie tylko dla nas, praktyków Podejścia Skoncentrowanego na Rozwiązaniu, ale także dla innych, zarówno krytyków, jak i tych, którzy po prostu chcą dowiedzieć się więcej. Ten dokument wypełnia tę lukę i jestem wdzięczna grupie zadaniowej EBTA za jego stworzenie.

Jak każdy model, Podejście Skoncentrowane na Rozwiązaniu ma swoich krytyków, ale istnieje coraz więcej badań, które dowodzą jego skuteczności i rezultatów. Teoria stanowi nie tylko punktu odniesienia dla praktyków, ale również jasne wyjaśnienie tego, co, jak i dlaczego robimy. Kiedy zaczęłam stosować Podejście Skoncentrowane na Rozwiązaniu we własnej praktyce terapeutycznej, miałam przy sobie listę pytań (wielu z nas to robi), która służyła za coś pomiędzy skryptem a pomocą pamięciową. Dzisiaj skrypt nie jest mi już potrzebny, bo te pytania stały się moją drugą naturą. Lektura tej pracy na nowo skłoniła mnie do rozmyślań o tym, jak pracuję, co jest tego uzasadnieniem oraz jak bardzo Podejście Skoncentrowane na Rozwiązaniu przenika nie tylko prowadzoną przeze mnie terapię, ale wszystko, co robię. Podejście to wydaje się zwodniczo proste, wymaga jednak zdyscyplinowanego sposobu myślenia i rozumienia podstaw, aby zachować jego prostotę. Ten dokument przedstawia te podstawy w jasny i przystępny sposób. Doceniam szczególnie część zatytułowaną „Zmiana znaczenia", która wyjaśnia złożone idee filozoficzne w kontekście Podejścia Skoncentrowanego na Rozwiązaniu.

Założenia i przekonania Podejścia Skoncentrowanego na Rozwiązaniu leżą u podstaw wszystkiego, co robimy, i ten fragment pracy jest, moim zdaniem, jedną z jej najważniejszych części. Uwypukla ona również inny aspekt tego podejścia– język, jakim się posługujemy; pozornie proste pytania, które w rzeczywistości są przemyślane i starannie sformułowane. Klienci czasami to zauważają i wspominają, że te pytania są „inne" i „interesujące" albo mówią: „Nikt nigdy wcześniej mnie o to nie pytał". Bardzo pomocne jest dysponowanie zwięzłym podsumowaniem, jak te założenia i przekonania przekładają się na sposób, w jaki terapeuci rozumieją światopogląd klientów, ich nadzieję i wiarę w swoją zdolność do zmiany, a jednocześnie zwracają szczególną uwagę na pożądaną przyszłość (ten aspekt jest unikatowy dla Podejścia Skoncentrowanego na Rozwiązaniu). Ten dokument podkreśla również inny aspekt podejścia, na który często zwracają jego krytycy, mianowicie że Podejście Skoncentrowane na Rozwiązaniu jest w jakimś sensie płytkie, nie sięga „głębi" i pomija przeszłość klienta. Szczegółowe wyjaśnienia, jak działa „rozmowa skoncentrowana na rozwiązaniu" i jej subtelne poziomy, są bardzo dobrym narzędziem, aby odnieść się do takich zarzutów i odrzucić je.

Część poświęcona „kluczowym tematom" jest bardzo dobrze zaaranżowana i opisuje, w jaki sposób terapeuci skoncentrowani na rozwiązaniu pracują z klientami, oraz ilustruje bogactwo tego modelu. Oczywiście, jedną z unikatowych cech Podejścia Skoncentrowanego na Rozwiązaniu jest fakt, że z równym powodzeniem wykorzystuje się je w kontekście terapeutycznym i pracy z zespołami, organizacjami i firmami, co zostało wielokrotnie podkreślone w tej pracy.

Ten dokument jest doskonałym narzędziem łączącym ze sobą teorię i praktykę Podejścia Skoncentrowanego na Rozwiązaniu i ważnym dodatkiem do kanonu publikacji z tej dziedziny. I choć zostanie pozytywnie przyjęty przez terapeutów i trenerów, niezbędne jest również to, aby został rozpropagowany szeroko poza granicami społeczności praktyków Podejścia Skoncentrowanego na Rozwiązaniu.

Guy Shennan

To dla mnie wielki zaszczyt że *EBTA Practice Definition Group* poprosiła mnie o podzielenie się refleksjami na temat *Założeń teoretycznych podejścia skoncentrowanego na rozwiązaniu*. Po pierwsze, gratuluję grupie determinacji i wytrwałości, gdyż jak przeczytałem, rozpoczęli pracę w 2007 roku. Choć to może sugerować, że ich praca nie była krótka, oczywiście nie należy wyciągać takiego wniosku. Jestem pewien, że nie odbyli ani jednego spotkania więcej niż było to konieczne! Wiem także, że w międzyczasie powstały inne dokumenty, na przykład *EBTA Practice Definition* w 2012 roku. Muszę przyznać, że nie przypominam sobie tego, choć jestem pewien, że było to przedmiotem dyskusji na spotkaniach i konferencjach EBTA. Wspominam o tym teraz, aby skontrastować to z moimi wrażeniami z lektury tego dokumentu, który, dzięki wysiłkom grupy zarówno podczas konferencji, jak i między nimi, stał się powszechnie znany. Tu również należ pogratulować grupie, że zdołali uczynić swoje dzieło przedmiotem naszej uwagi, zachęty i zaangażowania. To dynamiczny, tchnący życiem dokument, o wyraźnym kolektywnym pochodzeniu. I chodzi mi tu nie tylko o dziewięciu autorów, których nazwiska widnieją na okładce, ale również o to, w jaki sposób zdołali oni zaangażować szersze grono społeczności skoncentrowanej na rozwiązaniu w pracę nad tą książką. Na końcu pracy znajduje się zdjęcie innych osób, które poczyniły się do powstania dokumentu, słusznie zatytułowane „Poszerzanie kręgu idei". Także przypisy, w których jest wiele uwag dotyczących wcześniejszych wersji dokumentu i zmianach, które zostały w nim wprowadzone, świadczą o kolektywnym wysiłku włożonym w jego powstanie. W końcu, gratuluję grupie samego dokumentu.

Kolektywne pochodzenie dokumentu jest zgodne z kulturą, w której, we wczesnych latach 80-tych w Milwaukee, zrodziła się Terapia Krótkoterminowa Skoncentrowana na Rozwiązaniu.

W ostatnich latach, wspólnie z Kirsten Dierolf, członkinią grupy zadaniowej, odbyliśmy kilka rozmów z osobami, które pracowały wówczas w Brief Family Therapy Center i zobaczyliśmy wyraźnie, jak ważna była praca zespołowa w rozwoju Podejścia Krótkoterminowego Skoncentrowanego na Rozwiązaniu. W zakończeniu pracy grupa zadaniowa wspomina o „kulturze pełnej ciekawości", jaka panowała w Milwaukee oraz „współpracy i debatach, które wydatnie przyczyniły się do zaistnienia tego podejścia". Wierzę, że nadzieja grupy, że ich praca będzie kontynuacją pielęgnowania tej kultury, „aby zachować to podejście żywym i otwartym na zmiany", zostanie spełniona i że przyczyni się do „kolejnych etapów ewolucji", na co również mają nadzieję.

Jeśli weźmie się pod uwagę moje obecne zainteresowania, zapewne nie jest zaskoczeniem, że kolektywna natura tego dzieła przemawia do mnie z taką wielką siłą. Podczas wcześniejszych prób stworzenia teorii, kiedy Steve de Shazer (1994) próbował zrozumieć sens prac Miltona Ericksona, zastanawiał się, jaki skutek miała jego decyzja, aby interpretować przypadki z praktyki Ericksona jako opowieści. Wyjaśnił, w jaki sposób w procesie pojawiała się jego rola jako „czytelnika" i „zamiast badać (1) Ericksona i jego pisma, zacząłem badać (2) Eriksona, jego pisma i samego siebie" (de Shazer, 2013, s. 50). Podobnie, kiedy rozmyślam nad *Założeniami teoretycznymi Podejścia Skoncentrowanego na Rozwiązaniu* przygotowanymi przez grupę zadaniową, tak naprawdę rozmyślam nad tą teorią i nad sobą samym. Można to potraktować jako przykład „perspektywy interakcyjnej" (Watzlawick & Weakland, 1977), która na wskroś przenika teorię grupy zadaniowej (aspekt, który, choć może to paradoksalne, później łagodnie zakwestionuję).

Zatem rozmyślając o tej teorii (Teorii) przez pryzmat własnych zainteresowań i członkostwa w *Solution-Focused Collective* (2019), dobrze było zobaczyć wzmiankę o Kolektywie, choćby w przypisie, oraz odniesienia do czynników środowiskowych i politycznych. Choć zostały opisane bardzo pobieżnie i głównie jako element indywidualnego kontekstu klienta, są mile widzianymi wskazówkami, jak potencjalnie mogą wyglądać „kolejne etapy ewolucji". Na przykład, zakłada się, że „zmiana następuje w społecznym kontekście klienta (...) dlatego wiele pytań dotyczy preferowanych zmian w relacjach i najbliższym środowisku" (s. 44). Przypis wspominający o Kolektywie nawiązuje do słów o „mocy wywierania wpływu" przez klienta i odnosi się do ambiwalencji związanej ze „wzmocnieniem" (s. 38). Ta ambiwalencja jest zauważalna także tutaj, gdzie wzmocnienie postrzegane jest jako zachęcanie klienta, aby uświadomił sobie swoją siłę, albo inaczej sprawczość, i polega na „w przeważającej mierze wzmocnieniu indywidualnym", choć obejmuje także wzmocnienie interpersonalne i społeczno-polityczne (s. 36). To ostatnie ma polegać na „uzyskaniu dostępu do zasobów" i „zakwestionowaniu powszechnie wyznawanych prawd", co brzmi interesująco, ale wymaga chyba dalszych wyjaśnień i przykładów. W „uzyskaniu dostępu do zasobów" da się wyczuć aluzję do roli adwokata, podczas gdy kwestionowanie kojarzy mi się ze sposobem, w jaki terapeuta narracyjny może dekonstruować „dominującą narrację" wpływającą na życie klienta. Możliwe, że posuwam się tu dalej niż zamierzali autorzy, ale wydaje mi się, że jest to kierunek, w którym warto podążyć.

W innym interesującym i powiązanym fragmencie wstępu omówiony został wpływ, jaki ma na klienta udział w różnych grupach, oraz o wpływie zmian w funkcjonowaniu klienta na te grupy. Tekst sugeruje, że „klientem" może być zarówno grupa, organizacja, jak i jednostka, ale pomocna byłaby większa jasność w tej kwestii. Fragment kończy się uwagą „praktyka SR uznaje miejsce jednostki w jej sieci interakcji", z czym całkowicie się zgadzam, ale potem następują osobliwe słowa „nie przedkładając jednostki ponad grupę" (s. 21) . Myślę, że jednostka *jest* uprzywilejowana w teorii, która jawi się tutaj przede wszystkim jako indywidualistyczne przedsięwzięcie, pomimo wzmianek w Części 1 o szerszych, nie-terapeutycznych kontekstach, w których stosowane jest obecnie Podejście Skoncentrowane na Rozwiązaniu.

Świat, a także jednostki w jego obrębie, mogliby wiele skorzystać na zmianie i z pewnością Podejście Skoncentrowane na Rozwiązaniu mogłoby być w tym pomocne. Jak sugeruje przypis dotyczący Solution-Focused Collective, należy unikać przekładania kwestii społecznych na problemy osobiste i jako terapeuci skoncentrowani na rozwiązaniu, tak samo jak wszyscy inni profesjonaliści rzekomo świadczący pomoc, powinniśmy wystrzegać się kolizji z takimi przełożeniami.

Skoro odniosłem się do zmiany w świecie lub jednostkach w jego obrębie, pozwolę sobie przedstawić kilka refleksji na temat samej idei zmiany. Czasami zaczynam szkolenia prosząc uczestników, aby wskazali jedno słowo, które, ich zdaniem, ma centralne znaczenie dla Podejścia Skoncentrowanego na Rozwiązaniu. Nie jest to aktywność, którą należy traktować zbyt poważnie, gdyż nie wydaje mi się, żeby jedno słowo leżało w centrum podejścia, ale jest to doskonały sposób, aby wzbudzić pewną energię i skłonić ludzi do myślenia– i prędzej czy później ktoś wykrzyknie słowo „zmiana". Gdyby nasze Podejście posiadało centralne słowo, wiele osób zgodziłoby się z takim wyborem. To również prowadzi do uroczo paradoksalnej historii o pochodzeniu Podejścia Skoncentrowanego na Rozwiązaniu, gdy ktoś za lustrem fenickim w Milwaukee poddał sugestię, która stała się Formułą Zadania Pierwszej Sesji – poprośmy klienta, aby pomyślał o tym, czego NIE chce zmienić! I na następnym spotkaniu klienci w szczegółach opowiadali o pozytywnych zmianach. Możliwe zatem, że „zmiana" jest, mimo wszystko, kluczowym słowem. Z pewnością wydaje się fundamentalną koncepcją w tym dokumencie, gdzie pojawia się 154 razy, określając Podejście Skoncentrowanie na Rozwiązaniu „aktywnością polegającą na pomaganiu klientom w zmianie" (s. 27), a rozmowę skoncentrowaną na rozwiązaniu jako skupienie na ich pożądanej zmianie (s. 41-42).

Nie jest to jednak sposób, w jaki zwykłem myśleć o Podejściu Skoncentrowanym na Rozwiązaniu. Idea zmiany sugeruje przejście z jednego stanu w drugi, więc poświęca uwagę obu stanom, które można postrzegać odpowiednio jako stany „problemu" i „rozwiązania". Jest to zgodne z genezą podejścia i wyjaśnia, dlaczego nosi ono nazwę „skoncentrowane na rozwiązaniu", co wydaje się obecnie nieszczęśliwym sformułowaniem. I nie chodzi o to, że słowo „rozwiązanie" zaczęło być tak mocno nadużywane w marketingu, że angielskie czasopismo satyryczne, „Private Eve", ma stałą kolumnę wyśmiewającą to zjawisko (np. kartonowe pudełka reklamowane jako „rozwiązanie składowania ozdób choinkowych"). Bardziej istotne jest, że to słowo nie pasuje do naszych działań, tak, jak je rozumiem i jak, moimi zdaniem, rozwinęły się one szczególnie od lat 90-tych. Idea „rozwiązania" sugeruje, że „problem" jest „rozwiązywany", podobnie jak idea zmiany sugeruje, że następuje przejście z jednego stanu w drugi.

Nie pamiętam, abym kiedykolwiek, odkąd w 1995 roku zacząłem szkolić się w SFBT, myślał o tym w ten sposób – o pomaganiu klientowi w zmianie z jednego stanu w drugi – poszukując, po części, wyjątków wobec pierwszego stanu problemu. Szkoliłem się w BRIEF i już wtedy, moim zdaniem, ich wysiłki uproszczenia podejścia były bardzo zaawansowane. Nawiązując do tytułu ich referatu z konferencji EBTA w 2003 roku, byli już bardzo blisko przejścia „poza rozwiązania". Patrząc wstecz, uważam że dokonywali krystalizacji procesów, które zaczęły się jeszcze w Milwaukee, a które Steve de Shazer podsumował w wywiadzie z Danem Shortem (de Shazer & Berg, 1997), mówiąc, że SFBT to „jedynie pytanie o cud i skalowanie". Innym kawałkiem tej układanki – w której liczba elementów zostaje zredukowana do minimum – było skupienie uwagi na chwilach, w których wizja cudu już się realizuje, zastępując skupienie na wyjątkach (wobec problemów, o które już dłużej nawet nie pytano). Według Michele Weiner-Davis, to Eve Lipchik była pierwszą osobą w zespole

Milwaukee, która zaczęła pytać o takie chwile (Malien, 2002), obecnie często określane jako „przypadki".[108]

Dwa inne kluczowe elementy układanki to wymyślenie przez Chrisa Ivensona pytania „Jakie są twoje największe nadzieje wobec naszej wspólnej pracy?" i zdefiniowanie wizji cudu jako spełnienia tych nadziei zamiast ustąpienia problemu klienta. W ten sposób z procesu zostało usunięte ostatnie zalegające odniesienie do „problemu", umożliwiając ostateczne wykroczenie poza rozwiązanie, a nowe pytanie sugeruje, co możemy tam znaleźć. Gdybym miał opisać proces skoncentrowany na rozwiązaniu, a może także go uzasadnić, powiedziałbym, że jest to proces, w którego centrum (bardziej precyzyjnie: na początku) leży raczej *nadzieja*, a nie *zmiana*. Zamiast interpretować „największe nadzieje", jak ma to miejsce w tej teorii, jako jeden z kilku sposobów opisania „najlepszej możliwej zmiany" dla klienta, postrzegam Podejście Skoncentrowane na Rozwiązaniu jako umożliwienie rozwinięcia i przesunięcia artykulacji podążania, zarówno potencjalnie, jak i rzeczywistości, w stronę największych nadziei klienta związanych z pracą.

Słowa mają znaczenie i długo zastanawiałem się nad wyborem słowa „umożliwienie" w poprzednim zdaniu. Niektórzy – w tym i członkowie EBTA Practice Definition Group– mogą preferować termin „współtworzenie", podążając śladem Insoo Kim Berg, autorki pracy cytowanej przez grupę jako jedno z wczesnych źródeł i inspiracji dla prób sformułowania uzasadnienia Podejścia Skoncentrowanego na Rozwiązaniu (Berg & De Jong, 1996). Ten artykuł plasuje SFBT jako jedno z kilku podejść konstrukcjonizmu społecznego i ciekawe było przeczytać go ponownie w tym kontekście, zastanawiając się nad motywami, jakie doprowadziły do jego powstania – a przez analogię, także nad motywami, które legły u podstaw tej pracy. Z pewnością

---

[108] Wbrew przypisowi na stronie 57, ten termin nie został „stworzony" przez BRIEF. Pełna historia została przedstawiona we wpisie na moim blogu (Shennan, 2020).

SFBT ma pewne wspólne cechy z podejściami uważanymi za konstrukcjonizm społeczny i nie byłoby zaskoczeniem, gdyby mile widziane było również współdzielenie intelektualnej i profesjonalnej wiarogodności, jaka płynie z przynależności do tej metateorii.

Nie jestem przekonany, że Podejście Skoncentrowane na Rozwiązaniu potrzebuje takiego umocowania w metateorii. Pomocne byłyby dalsze dyskusje na ten temat i ma to oczywisty związek z Teorią, która została tu zaprezentowana, ale zakończę myślą o pewnym aspekcie konstrukcjonizmu społecznego, z jakiego czyni użytek, mianowicie idei *współtworzenia*. Zastanawiam się, czy skłonność konstrukcjonizmu społecznego do podkreślania wagi interakcji przekłada się na terminologię, która nadmiernie podkreśla rolę terapeuty w tworzeniu tego, co przynależy do klienta. Umożliwianie, ułatwianie, pomaganie to działania, które stawiają nas, jako terapeutów skoncentrowanych na rozwiązaniu, w służbie naszym klientom i ich konstrukcjom preferowanej przyszłości oraz opisom dążeń w tym kierunku.

I podobnie, na moje refleksje miały wpływ liczne osoby i artykuły, z którymi zetknąłem się przed lekturą tej pracy (Założeń teoretycznych), ale nawet gdyby powstały w rezultacie wywiadu ze mną, a nie samotnej pracy przed komputerem, nadal byłyby moimi myślami i moją odpowiedzialnością. Mam nadzieję, że okażą się pomocne dla kogoś, kto je przeczyta i w rezultacie same będą miałaby choć niewielki wpływ na innych.

Przypisy

de Shazer, S. (1994). Words Were Originally Magic. New York: Norton.

de Shazer, S. (2013). Słowa były kiedyś magią. Łódź: CTK SolutionsNow.

de Shazer, S. & Berg, I. K. (1997). Wywiad przeprowadzony przez Dana Shorta z Stevem de Shazerm i Insoo Kim Berg, Milton H Erickson Foundation Newsletter, 17, 2.

Shennan, G. (2020). What's in a word? Exceptions, instances, assets and unique outcomes. Blog osobisty. https://www.guyshennan.com/post/what-s-in-a-word-exceptions-instances-assets-and-unique-outcomes ; dostęp 12 lipca 2020 r.

Solution-Focused Collective (2019). The Manifesto. https://solfocollective.net/the-manifesto-for-text-readers ; dostęp 12 lipca 2020 r.

Watzlawick, P. & Weakland, J. (1977). The International View. Studies at the Mental Research Institute. 1965-1977 New York: Norton.

Tomasz Świtek

Zrobię wszytko, co w mojej mocy, aby w tej krótkiej recenzji podzielić się pewnymi spontanicznymi reakcjami i przemyśleniami, które pojawiły się po zapoznaniu się z bogatą listą idei zawartych w „wersji 2020" pracy *Założenia teoretyczne podejścia skoncentrowanego na rozwiązaniu*, przedstawionej przez EBTA Practice Definition Group. Ulegając nawykom wypracowanym przez Insoo Kim Berg, chcę powiedzieć: Wow!

Potrzeba znacznie więcej słów, aby wyrazić moją wdzięczność autorom pracy, mój szacunek dla ich inspirującej współpracy i moją gotowość do wzięcia udziału w dalszym procesie nieustannego redefiniowania tego, czym jest reflective w teorii, opisie i praktyce. Grupa zadaniowa EBTA postanowiła zmierzyć się z wyzwaniem zdefiniowania teorii Podejścia Skoncentrowanego na Rozwiązaniu. Uwzględniając różne aspekty teorii, opisu i praktyki, ta praca w wyraźny sposób wyraża swój „semi-fikcyjny" (koncepcja Hansa Vaihingera wyrażona w *The Philosophy of "As If"*–Vaihinger, 1911) status definiowania tego podejścia. Pracując w ramach grupy zadaniowej EBTA, Peter Sundman i zespół podjęli wybitną próbę opisania szerokiego spektrum różnorodności w Podejściu Skoncentrowanym na Rozwiązaniu i wyrażenie tego w pewnej definicji. Można zauważyć, że autorzy postawili raczej na włączenie wielu różnych praktyk niż wykluczenie pewnych perspektyw. Warto jednak pamiętać, że Steve de Shazer miał tendencję opisywania swojej pracy z pomocą takich stwierdzeń jak „robię coś takiego" czy „robię to coś", które były wystarczająco pojemne, aby zawrzeć w sobie potencjalnie szeroką różnorodność stylów pracy w Podejściu Skoncentrowanym na Rozwiązaniu. Odpowiadając na stwierdzenie Johna Weaklanda o sednie podejścia Ericksona, Steve de Shazer powiedział (Hoyt, 2001):

„Kiedy zaczyna się poszukiwać istoty dzieła Ericksona lub terapii krótkoterminowej, zawsze istnieje niebezpieczeństwo, że zapomnimy o tym, co „niekonieczne". Kiedy mówimy, że coś jest konieczne, automatycznie wskazujemy na coś, co jest niekonieczne. Tak, automatycznie. I grozi nam, że wsadzimy do pudełka „niekonieczne" coś, co w dłuższej perspektywie może okazać się równie konieczne, jak wszystko inne".

Te słowa pomagają mi postrzegać *Założenia teoretyczne podejścia skoncentrowanego na rozwiązaniu* jako próbę opisania naszego podejścia jako mapy, która nie jest terytorium. Naturalnie, wszystkie moje uwagi w tej recenzji powinny być traktowane w ten sam sposób.

Jednym z kluczowych aspektów, który poruszają autorzy pracy, jest rola idei, że Podejście Skoncentrowane na Rozwiązaniu jest czymś więcej niż zestawem pytań i metod prowadzenia rozmowy. W tym przypadku „więcej" oznacza, że terapeuci stosujący to podejście rozwijają nastawienie skoncentrowane na rozwiązaniu zakorzenione, przynajmniej w jakiejś części, w pewnym systemie teoretycznym. Luc Isebaert zwrócił kiedyś moją uwagę na to, że Podejście Skoncentrowane na Rozwiązaniu to coś znaczenie więcej niż sposób myślenia, sposób rozmawiania czy wręcz zadawanie wyłącznie pytań skoncentrowanych na rozwiązaniu. Autorzy pracy, przedstawiając historię i proces powstawania podejścia, wspominają o takich systemach jak konstrukcjonizm społeczny, filozofia języka czy myśl buddyjska. W rzeczywistości, wobec różnorodnych zastosowań, różne nurty w Podejściu Skoncentrowanym na Rozwiązaniu czerpały inspirację również z innych systemów takich jak filozofia stoicyzmu, semantyka ogólna, myśl chrześcijańska czy psychologia zdrowia. Mam nadzieję, że w przyszłości to bogactwo różnych źródeł inspiracji stanie się przedmiotem dalszych badań.

Mając na uwadze ważność kontekstu, inną ideę przedstawioną w tej pracy, mogę jednoznacznie stwierdzić, że wyrwanie człowieka z jego określonego kontekstu oznacza, że mówimy o zupełnie innej osobie, praktycznie nierzeczywistej, gdyż w Podejściu Skoncentrowanym na Rozwiązaniu zawsze należy postrzegać człowieka w kontekście i w ramach cyrkularnej interakcji między osobą a określonym kontekstem. Kiedy patrzę na swoją praktykę, widzę, że skupienie uwagi na kontekście jest sprawą fundamentalną, ale w tym samym czasie chciałbym podkreślić wagę promowania idei funkcjonowania człowieka w kontekście – zewnętrznym i wewnętrznym jednocześnie. Naszą rolą jest rozważyć i jak najlepiej wykorzystać potencjalne interakcje w ramach danego kontekstu i między kontekstami obu rodzajów. Uzasadnieniem tego mogą być słowa Steve'a de Shazera i Insoo Kim Berg, że terapia krótkoterminowa jest „zorganizowana wokół kontekstu, który ludzie budują dla siebie i/lub w którym się znajdują" (de Shazer& Berg, 1995).

Autorzy formułują ogólną definicję Podejścia Skoncentrowanego na Rozwiązaniu następująco: „klienci otrzymują od terapeuty wsparcie w kwestii wprowadzenia zmiany, którą mają nadzieję osiągnąć w oparciu o zasoby, umiejętności, silne strony, nadzieje na przyszłość oraz interakcje klientów w swoim środowisku". Przynajmniej dla mnie taka definicja zawęża pewne możliwości w codziennej pracy terapeutycznej, które również zostały do pewnego stopnia opisane w tym dokumencie. Przykładem strategii, którą mam na myśli, jest użyteczność profesjonalnych spostrzeżeń, doświadczeń, wiedzy i wykorzystania „teorii z zakresu psychologii społecznej, psychologii dyskursywnej i teorii systemowej", o czym autorzy otwarcie wspominają. Proponuję inną ogólną definicję Podejścia Skoncentrowanego na Rozwiązaniu jako: „pomaganie klientom w osiągnięciu swoich pragnień i wyborów w określonych okolicznościach i na podstawie wszelkich koniecznych i etycznych źródeł wsparcia (inspiracji)" (Świtek, Panayotov, Strahilov, 2018).

Świat SFBT jest pełen stwierdzeń o uważnym słuchaniu klientów i budowaniu terapii skoncentrowanej na rozwiązaniu na uzyskaniu od nich informacji zwrotnych o tym, co było użyteczne w czasie spotkania. Zawsze istnieje możliwość, że terapeuci, korzystając z tego podejścia, będą bardziej cenili sobie jakiś system teoretyczny niż sugestie klienta. To samo może się zdarzyć, kiedy terapeuci potraktują jakieś odkrycia w Podejściu Skoncentrowanym na Rozwiązaniu, wnioski wypracowane w BFTC w Milwaukee lub w ramach Modelu Bruges, nie jako sugestie wymagające analizy i potwierdzenia, lecz jako podstawowe zasady podejścia, których należy bezwzględnie przestrzegać podczas spotkań. Autorzy przypominają nam o zagrożeniach, jakie wynikają z przekształcenia Podejścia Skoncentrowanego na Rozwiązaniu na Podejście Wymuszające Rozwiązanie. Pamiętając o idei wrażliwości na kontekst, możemy stwierdzić, że zarys podejścia skoncentrowanego na rozwiązaniu, który powstawał w różnym czasie, w różnych miejscach i między różnymi ludźmi, może być postrzegany przez nas tylko jako inspiracja, i jesteśmy zobowiązani kształtować własne Podejście Skoncentrowane na Rozwiązaniu w naszym czasie, miejscu z naszymi klientami. Sugeruję, że powinniśmy się nauczyć od zespołu z Milwaukee przede wszystkim, jak dokonywać wyboru, aby współtworzyć omawiane podejście i podobne wzorce powinniśmy zastosować w swoim kontekście, z nadzieją na podobne lub odmienne okrycia współtworzone z naszymi klientami.

Innym fundamentalnym aspektem Podejścia Skoncentrowanego na Rozwiązaniu, o którym wspominają autorzy tego opracowania, jest ważność języka. Mogę jedynie wesprzeć moich kolegów w podkreślaniu, jak ważną rolę odgrywa on w naszej praktyce. Ponieważ temat ten został wyczerpująco opisany w treści pracy, w tej recenzji odniosę się jedynie do kilku wybranych aspektów wykorzystania języka.

Autorzy proponują sposób myślenia zaczerpnięty z filozofii języka, gdzie „praktycy skoncentrowani na rozwiązaniu polegają na tak zwanych «twórczych interakcjach», w których znaczenie powstaje w codziennych zdarzeniach między ludźmi i to one stanowią podstawę zmiany skoncentrowanej na rozwiązaniu", a potem dodają, że „osobiste myśli (...) nie są one wyłącznym czynnikiem kontrolującym, co im się czasami przypisuje". Chętnie przeczytałbym więcej refleksji o Podejściu Skoncentrowanym na Rozwiązaniu, gdzie znaczenie powstaje w codziennych zdarzeniach życiowych, między aktywnymi częściami tych zdarzeń, które ulokowane są wokół klienta i w jego wnętrzu. To obszar, w którym idea połączenia kontekstu zewnętrznego i wewnętrznego mogłaby znaleźć praktyczne zastosowanie. Przykład tego, jak mogłoby to wyglądać w opisie i praktyce można znaleźć w Modelu BBraveC wielowymiarowej cyrkularności ruchów (Świtek, 2019).

W jednym z artykułów czytamy, że „rozmowa skupiona jest na interakcji między ludźmi" i przedstawiona jest idea „znaczących osób". Moje doświadczenie i informacje zwrotne pozyskane od klientów sugerują, że przynajmniej czasami, rozmowa o relacji ze „znaczącymi osobami" może być rozumiana szerzej i obejmować „znaczącego siebie", gdy klient rozważa relację z własnym „ja". „Znacząca osoba" może również odnosić się do relacji z innymi istotami żywymi oraz z elementami materii nieożywionej.

Inny aspekt, który w przyszłości mógłby zostać szerzej opisany, to rozumienie języka. Mam wrażenie, że autorzy odnoszą się do języka głównie jako komunikacji werbalnej. Choć jasno zaznaczają, że „język jest kluczowym elementem praktyki skoncentrowanej na rozwiązaniu", w przyszłych opracowaniach można mocniej podkreślić wagę komunikacji pozawerbalnej i poświęcić jej więcej miejsca. Na przestrzeni lat Podejście Skoncentrowane na Rozwiązaniu rozwijało się także dzięki kreatywnemu włączeniu weń różnych dźwięków, gestów, obrazów, kształtów i podobnych rzeczy.

W Podejściu Skoncentrowanym na Rozwiązaniu wizja człowieka pełna jest nadziei, akceptacji i pewnego rodzaju podziwu. Istotnie, doceniamy swoich klientów i autorzy opisują wprost tę postawę prezentowaną przez terapeutów, którzy stosują omawiane podejście. To jeden z powodów, dla których opieram swoją pracę o to, co postrzegamy jako zasoby klienta. Jednocześnie tradycja skoncentrowana na rozwiązaniu posługuje się dynamicznym językiem, aby opisać potencjał klienta. Życzyłbym sobie, abyśmy podkreślając ważność języka w naszym podejściu, potrafili połączyć to z ideą wykorzystania dynamicznych opisów w miejsce tych, które opierają się na wartościowaniu innych ludzi. W tej pracy możemy przeczytać, że klienci są „zaradni, kompetentni, odporni". Z mojego punktu widzenia jest to częsta w Podejściu Skoncentrowanym na Rozwiązaniu gra językowa, w istocie rzeczy smutna, w której twierdzimy, że komplementujemy swoich klientów i opieramy pracę o ich zasoby, podczas gdy w rzeczywistości komplementy są wyrazem nawyku przypisywania ludziom wartości. Mam w tej kwestii jasny pogląd. Mianowice, wartościowanie i etykietowanie człowieka, nawet jeśli odbywa się to poprzez komplementy w formie oceny drugiej osoby, wykorzystuje mechanizmy, na których opiera się rasizm i inne formy dyskryminacji polegające na czynieniu ludzi „lepszymi lub gorszymi". Chciałbym doczekać chwili, kiedy stanie się to nieetyczne, także w świecie Podejścia Skoncentrowanego na Rozwiązaniu. Uważam, że „wszystkie" formy dyskryminacji, łącznie z rasizmem, wykorzystują wzorce wartościowania innych ludzi. Przez wartościowanie rozumiem „definiowanie natury osoby, jej tożsamości" i używanie „etykiet". Często ogólny wzorzec opiera się na rozróżnieniu *jesteś dobry* vs *jesteś zły"*, *„jesteś OK* vs *nie jesteś OK"*. Niektórzy mogą próbować wartościować w stronę pozytywnych „etykiet", jak czyni to wielu w Podejściu Skoncentrowanym na Rozwiązaniu, ale nadal jest to wykorzystanie „wzorców wartościowania innych". W moim przekonaniu „wartościowanie" jest jedną z podstaw dyskryminacji, gdy określam kogoś jako „dobrego lub złego" i w takiej sytuacji łatwiej jest przejawiać zachowania, które mogą być interpretowane jako dyskryminacja. Pragnę promować taki styl Podejścia Skoncentrowanego na Rozwiązaniu, w którym przestaniemy „definiować naturę innych", powstrzymamy się od „wartościowania ludzi", nawet z użyciem pozytywnych etykiet, gdyż w moim przekonaniu jest to jedno spektrum, jedna „gra językowa", która w jakiś sposób „zapomina" o idei Steve'a de Shazera, aby opisywać klientów używając języka dynamicznego, tzn. opisując ich przez zachowania i potencjały, a nie przez tak zwaną naturę.

Na koniec kilka uwag na temat słownictwa. Opisując Podejście Skoncentrowane na Rozwiązaniu, omawiana praca wspomina o pewnych dychotomiach. Dwie podstawowe dychotomie to: problem vs rozwiązanie oraz rozmowa o problemie vs rozmowa o rozwiązaniu.

W perspektywie historycznej łatwo zrozumieć okoliczności, w jakich terminy „problem" i „rozwiązanie" pojawiły się w słownictwie Podejścia Skoncentrowanego na Rozwiązaniu. Niektórzy mogą pamiętać, że moja praca w tak zwanym Podejściu Skoncentrowanym na Rozwiązaniu skończyła się odesłaniem terminów takich jak „problemy", „rozwiązania", „rozmowa o problemie" i „rozmowna o rozwiązaniu" na zasłużone wakacje. Zamiast tego używam takich słów jak „niechciane", „mniej chciane", „bardziej chciane", „chciane" i „użyteczna rozmowa", które mogą być rozumiane jako powszechne doświadczenie między terapeutami i klientami, współtworzone ze względu na swoją użyteczność, definiowaną jako pomoc w osiągnięciu pragnień i wyborów klienta.

Nie potrafię powstrzymać się przed wyrażeniem podziwu dla autorów, również z powodu tego, jak opisują kluczowe kwestie w Podejściu Skoncentrowanym na Rozwiązaniu. To wspaniały pomysł, aby przestawić nasze podejście z perspektywy celów, a nie narzędzi. Każda z naszych interwencji ma jaki cel. Ów cel jest o wiele bardziej istotny niż narzędzie, które jest tylko sposobem, w jaki chcemy ten cel osiągnąć. Lista tematów z zakresu Podejścia Skoncentrowanego na Rozwiązaniu omówionych w tym dokumencie jest absolutnie wystarczająca, o ile tylko będziemy pamiętać, że jakikolwiek temat, jakiekolwiek doświadczenie, które wzmacnia klienta w osiągnięciu upragnionej sytuacji, mogą być traktowane jako integralna część podejścia skoncentrowanego na czymś. Możemy zadawać pytania, możemy odpowiadać na pytania, możemy postąpić w każdy etyczny sposób, jak długo tylko zrobimy wszystko, co w naszej mocy, aby przestrzegać zasad:

Rób dalej to, co działa.

Kiedy potrzeba, zrób coś innego!

Wyobraź sobie to, czego pragniesz!

Przypisy

De Shazer, S. & Berg, I. K. (1995). The brief therapy tradition. W: J. H. Weakland& W. A. Ray (redaktorzy). Research Institute Propagations: Thirty years of the influence form the Mental (s. 249-253). New York: Routhledge.

Hoyt, M. F. (2001). Rozmowa z Stevem de Shazerem i JohnemWeaklandem. W: Interviews with brief therapy experts. Philadelphia.

Świtek, T., Panayotov, P., Strahilov, B., (2018). Making waves. Solutions Focused practice in Europe. Sofia: EBTA.

Switek, T. (2019). BBraveC. Warsztat prezentowany podczas konferencji SFBTA w Montrealu (Kanada) w 2019 ro. http://www.centrumpsr.eu/wp-content/uploads/2019/12/BbraveC.pdf ; dostęp 31 lipca 2020 r.

Vaihinger, Hans (1911), Philosophie des Als Ob, Leipzig: F. Meiner.

Autorzy książki

Peter Sundman, BA, pracownik socjalny, superwizor kliniczny, trener, licencjonowany trener Terapii Skoncentrowanej na Rozwiązaniu, konsultant, koordynator TaitoBa House Solution Focused Network. Annankatu 29 A 12, 00100 Helsinki, Finlandia.

Email: peter.sundman@taitoba.fi

Matthias Schwab, MA z psychologii, MA ze sztuk pięknych. Terapeuta w Podejściu Skoncentrowanym na Rozwiązaniu, trener i superwizor w praktyce prywatnej. Członek zespołu redakcyjnego Journal for Solution Focused Practices. Wspiera „rzeźby społeczne" w pracach Free International University i Solution-Focused Collective. Türkenstraße 3, 91522 Ansbach, Niemcy.

Email: matthias@the-void.org

Dr Ferdinand Wolf, psycholog kliniczny, psychoterapeuta w Systemowym Podejściu Skoncentrowanym na Rozwiązaniu w praktyce prywatnej, licencjonowany trener w Psychoterapii Systemowej Skoncentrowanej na Rozwiązaniu, superwizor i trener. Siger 61, A-7053 Hornstein, Austria.

Email: ferdinand@wolf.co.at

Marie-Christine Cabié, psychiatra, dyrektorka ambulatorium i oddziału szpitalnego w Paryżu, psychoterapeuta, trenerka z zakresu terapii rodzinnej, SFT, Modelu Bruges i hipnoterapii ericksonowskiej. Prezydent EBTA.

Email: mc.cabie@orange.fr

John Wheeler, MA. Licencjonowany psychoterapeuta systemowy UKCP, pełnoprawny członek Solution Focus in Organisations. Były członek rady EBTA. Były prezydent IASTI. Były członek rady redakcyjnej Journal for Solution Focused Brief Therapy. Dyrektor Centre for Solution Focused Trainers. Gościnny wykładowca w Newcastle Univeristy. 5 Runhead Gardens, Ryton. NE40 3HH, Anglia.

Email: john@johnwheeler.co.uk

Rytis Pakrosnis, BA z psychologii, MA z psychologii zdrowia, PhD z naukspołecznych (psychologii), certyfikowany psychology EuroPsy, terapeuta skoncentrowany na rozwiązaniu w praktyce prywatneji w Vytautas Magnus University Psychology Clinic, wykładowca w Vytautas Magnus University (Kowno, Litwa), gościnny wykładowca na Uniwersytecie Warszawskim, członek zespołów redakcyjnych Solution-Focused Literaturei Frontiers in Health Psychology, byłyredaktor International Journal of Solution-Focused Practices. Biliuno g. 46, Kacergine, LT53447, Litwa.

Email: rytis.pakrosnis@vdu.lt

Michael Klingenstierna Hjärta, M.SC z psychologii, BA z filozofii, licencjonowany psycholog, psycholog kliniczny, trener i superwizor w Solutionwork Institute. Współzałożyciel Solutionwork Institute Stockholm, prezydent International Solution-Focused Training Institutes (IASTI), były sekretarz EBTA, były członek zespołu redakcyjnego International Journal of Solution-Focused Practices. Autor dwóch książek z dziedziny Podejścia Skoncentrowanego na Rozwiązaniu i neuropsychiatrii. Segelflygsgatan 39, 12833, Skarpnäck, Szwecja.

Email: michel@solutionwork.se

Recenzenci

Thorana Nelson, Ph.D., emerytowana profesor terapii rodzinnej w Utah State University. Członkini założycielka i była sekretarz/skarbnik Solution-Focused Brief Therapy Association. Przed przejściem na emeryturę prowadziła szkolenia z Podejścia Skoncentrowanego na Rozwiązaniu i superwizję z Terapii Krótkoterminowej Skoncentrowanej na Rozwiązaniu. Autorka i redaktorka wielu książek z dziedziny SFBT, m.in. *Solution-Focused Brief Therapy With Families* (Routledge, 2019).

Dr Alasdair Macdonald, konsultant psychiatryczny przez 30 lat, licencjonowany superwizor i terapeuta rodzinny. Terapeuta krótkoterminowy przez 25 lat, terapeuta skoncentrowany na rozwiązaniu od 1988 roku. Autor publikacji poświęconych rezultatom psychoterapii i innym zainteresowaniom, były członek rady European Brief Therapy Association, były dyrektor medyczny, obecnie trener i konsultant ds. zarządzania w Chinach i innych krajach.
Email: macdonald@solutionsdoc.co.uk

Arild Aambø, lekarz i starszy doradca w Norwegian Institute of Public Health. Gościnny wykładowca na Oslo University i OsloMet. Założyciel I lider (1994-2004) Workshop of Primary Health Care (PMV) w Oslo. Trener SFBT, współpracujący z Berg i de Shazerem w Norwegii i innych krajach. Opublikował kilka artykułów i rozdziałów w książkach poświęconych Podejściu Skoncentrowanemu na Rozwiązaniu i monografii o Solution Oriented Conversations (2004).

Sukanya Wignaraja (MScOxon), licencjonowana terapeutka skoncentrowana na rozwiązaniu i trenerka w prywatnej praktyce prywatnej w Colombo na Sri Lance, 75 Kynsey Road, Colombo 0800, Sri Lanka.

Email: wignaraja@gmail.com

Guy Shennan, terapeuta, trener i konsultant specjalizujący się w Podejściu Skoncentrowanym na Rozwiązaniu. Członek założyciel UK Association of Solution Focused Practice. Założyciel Solution-Focused Collective. Pracownik socjalny, były przewodniczący British Association of Social Workers. 36 Shepton Houses, Welwyn Street, London E2 0JN, UK.

Email: guyshennan@sfpractice.co.uk

Świtek Tomasz, mgr profilaktyki społecznej i resocjalizacji, certyfikowany terapeuta, trener i superwizor TSR. Założyciel Centrum PSR w Polsce. Członek rady EBTA i Interantional Alliance of Solution-Focused Teaching Institutes (IASTI). Twórca otwartego modelu sytuacyjnego.

Email: tomaszswitek@centrumpsr.eu